I. KANT · DER STREIT DER FAKULTÄTEN

PHILOSOPHIE
GESCHICHTE · KULTURGESCHICHTE

Immanuel Kant

DER STREIT
DER FAKULTÄTEN

Reclam-Verlag Leipzig

Herausgegeben und mit einem Nachwort von
Steffen Dietzsch
Anhang: Das sogenannte „Krakauer Fragment"

ISBN 3-379-00682-3

© Reclam-Verlag Leipzig 1984, 1992
Text nach: Der Streit der Fakultäten in drey Abschnitten von Immanuel Kant. Königsberg, bey Friedrich Nicolovius. 1798. (Orthographie und Interpunktion wurden modernisiert.)

Reclam-Bibliothek Band 1049
2., veränderte Auflage, 1992
Umschlaggestaltung: Friederike Pondelik unter Verwendung einer
Fotomontage von Jean Barz „Seltsame Begegnung vor der ehemaligen Philosophischen Fakultät der Universität Leipzig"
Printed in Germany
Satz: Dresdner Druck- und Verlagshaus GmbH & Co. KG
Druck und Binden: Ebner Ulm
Gesetzt aus Garamond-Antiqua

Dem Herrn

CARL FRIEDRICH STÄUDLIN[1]
Doktor und Professor in Göttingen

zugeeignet

von dem Verfasser

VORREDE

Gegenwärtige Blätter, denen eine aufgeklärte, den menschlichen Geist seiner Fesseln entschlagende und, eben durch diese Freiheit im Denken, desto bereitwilligeren Gehorsam zu bewirken geeignete Regierung jetzt den Ausflug verstattet, – mögen auch zugleich die Freiheit verantworten, die der Verfasser sich nimmt, von dem, was bei diesem Wechsel der Dinge ihn selbst angeht, eine kurze Geschichtserzählung voranzuschicken.

König Friedrich Wilhelm II. ein tapferer, redlicher, menschenliebender und – von gewissen Temperamentseigenschaften abgesehen – durchaus vortrefflicher Herr, der auch mich persönlich kannte und von Zeit zu Zeit Äußerungen seiner Gnade an mich gelangen ließ, hatte auf Anregung eines Geistlichen[2], nachmals zum Minister im geistlichen Departement erhobenen Mannes, dem man billigerweise auch keine anderen als auf seine innere Überzeugung sich gründende gutgemeinte Absichten unterzulegen Ursache hat, – im Jahr 1788 ein *Religionsedikt*, bald nachher ein die Schriftstellerei überhaupt sehr einschränkendes, mithin auch jenes mit schärfendes Zensuredikt ergehen lassen. Man kann nicht in Abrede ziehen, daß gewisse Vorzeichen, die der Explosion, welche nachher erfolgte, vorhergingen, der Regierung die Notwendigkeit einer Reform in jenem Fache anrätig machen mußten; welches auf dem stillen Wege des akademischen Unterrichts künftiger öffentlicher Volkslehrer zu erreichen war; denn diese hatten als junge Geistliche ihren Kanzelvortrag auf solchen Ton gestimmt, daß, wer Scherz versteht, sich durch *solche* Lehrer eben nicht wird bekehren lassen.

Indessen daß nun das Religionsedikt auf einheimische sowohl als auswärtige Schriftsteller lebhaften Einfluß hatte, kam auch meine Abhandlung, unter dem Titel: „Religion innerhalb den Grenzen der bloßen Vernunft", heraus,* und

---

*Diese Betitelung wird absichtlich so gestellt, damit man jene Abhandlung nicht dahin deutete, als sollte sie die Religion *aus* bloßer

da ich, um keiner Schleichwege beschuldigt zu werden, allen meinen Schriften meinen Namen vorsetze, so erging an mich im Jahre 1794 folgendes Königl. Reskript; von welchem es merkwürdig ist, daß es, da ich nur meinem vertrautesten Freunde[3] die Existenz desselben bekannt machte, es auch nicht eher als jetzt öffentlich bekannt wurde:

Von Gottes Gnaden Friedrich Wilhelm,
König von Preußen etc. etc.

Unseren gnädigen Gruß zuvor. Würdiger und Hochgelahrter, lieber Getreuer! Unsere höchste Person hat schon seit geraumer Zeit mit großem Mißfallen ersehen: wie Ihr Eure Philosophie zu Entstellung und Herabwürdigung mancher Haupt- und Grundlehren der Heiligen Schrift und des Christentums mißbraucht; wie Ihr dieses namentlich in Eurem Buch: „Religion innerhalb den Grenzen der bloßen Vernunft", desgleichen in anderen kleineren Abhandlungen getan habt. Wir haben Uns zu Euch eines Besseren versehen; da Ihr selbst einsehen müsset, wie unverantwortlich Ihr dadurch gegen Eure Pflicht als Lehrer der Jugend und gegen Unsere, Euch sehr wohl bekannten, landesväterliche Absichten handelt. Wir verlangen des ehesten Eure gewissenhafteste Verantwortung und gewärtigen Uns von Euch, bei Vermeidung Unserer höchsten Ungnade, daß Ihr Euch künftighin nichts dergleichen werdet zuschulden kommen lassen, sondern vielmehr Eurer Pflicht gemäß Euer Ansehen und Eure Talente dazu anwenden, daß Unsere landesväterliche Intention je mehr und mehr erreicht werde; widrigenfalls Ihr Euch, bei fortgesetzter Renitenz, unfehlbar unangenehmer Verfügungen zu gewärtigen habt.
Sind Euch mit Gnade gewogen.

Berlin, den 1. Oktober 1794.

Auf Seiner Königl. Majestät allergnädigsten Spezialbefehl.
Wöllner.

Vernunft (ohne Offenbarung) bedeuten. Denn das wäre zuviel Anmaßung gewesen; weil es doch sein konnte, daß die Lehren derselben von übernatürlich inspirierten Männern herrührten; sondern daß ich nur dasjenige, was im Text der für geoffenbart geglaubten Religion, der Bibel, *auch durch bloße Vernunft* erkannt werden kann, hier in einem Zusammenhange vorstellig machen wollte.

ab extra. – Dem würdigen und hochgelahrten
Unserem Professor auch lieben getreuen Kant
zu *Königsberg* in Preußen.
praesentat. d. 12. Okt. 1794.

Worauf meinerseits folgende alleruntertänigste Antwort[4]
abgestattet wurde:

Allergnädigster etc. etc.

Ew. Königl. Majestät allerhöchster, den 1. Oktober c. an
mich ergangener und den 12. ejusd. mir gewordener Befehl
legt es mir zur devotesten Pflicht auf: *Erstlich* „wegen des
Mißbrauchs meiner Philosophie in Entstellung und Herabwürdigung mancher Haupt- und Grundlehren der Heiligen
Schrift und des Christentums, namentlich in meinem Buch:
‚Religion innerhalb den Grenzen der bloßen Vernunft‘, desgleichen in anderen kleineren Abhandlungen und der hierdurch auf mich fallenden Schuld der Übertretung meiner
Pflicht als Lehrer der Jugend und gegen die höchsten, mir
sehr wohl bekannten landesväterlichen Absichten, eine gewissenhafte Verantwortung beizubringen". *Zweitens* auch,
„nichts dergleichen künftighin mir zuschulden kommen zu
lassen". – In Ansehung beider Stücke ermangele nicht den
Beweis meines alleruntertänigsten Gehorsams Ew. Königl.
Maj. in folgender Erklärung zu Füßen zu legen:
Was das *Erste*, nämlich die gegen mich erhobene Anklage
betrifft, so ist meine gewissenhafte Verantwortung folgende:
Daß ich als *Lehrer der Jugend,* d. i., wie ich es verstehe, in
akademischen Vorlesungen niemals Beurteilung der Heiligen Schrift und des Christentums eingemischt habe noch
habe einmischen können, würden schon die von mir zum
Grunde gelegten Handbücher *Baumgartens,* als welche allein
einige Beziehung auf einen solchen Vortrag haben dürften,
beweisen; weil in diesen nicht einmal ein Titel von Bibel
und Christentum enthalten ist und als bloßer Philosophie
auch nicht enthalten sein kann; der Fehler aber, über die
Grenzen einer vorhabenden Wissenschaft auszuschweifen,
oder sie ineinanderlaufen zu lassen, mir, der ich ihn jederzeit gerügt und dawider gewarnt habe, am wenigsten wird
vorgeworfen werden können.

Daß ich auch nicht etwa als *Volkslehrer* in Schriften, namentlich nicht im Buche: „Religion innerhalb den Grenzen usw.", mich gegen die allerhöchsten, mir bekannten *landesväterlichen* Absichten vergangen, d. i. der öffentlichen *Landesreligion* Abbruch getan habe; welches schon daraus erhellt, daß jenes Buch dazu gar nicht geeignet, vielmehr für das Publikum ein unverständliches, verschlossenes Buch und nur eine Verhandlung zwischen Fakultätsgelehrten vorstellt, wovon das Volk keine Notiz nimmt; in Ansehung deren aber die Fakultäten selbst frei bleiben, nach ihrem besten Wissen und Gewissen öffentlich zu urteilen, und nur die eingesetzten Volkslehrer (in Schulen und auf Kanzeln) an dasjenige Resultat jener Verhandlungen, was die Landesherrschaft zum öffentlichen Vortrage für diese sanktioniert, gebunden werden, und zwar darum, weil die letztere sich ihren eigenen Religionsglauben auch nicht *selbst* ausgedacht, sondern ihn nur auf demselben Wege, nämlich der Prüfung und Berichtigung durch dazu sich qualifizierende Fakultäten (die theologische und philosophische), hat überkommen können, mithin die Landesherrschaft diese nicht allein zuzulassen, sondern auch von ihnen zu fordern berechtigt ist, alles, was sie in einer öffentlichen Landesreligion zuträglich finden, durch ihre Schriften zur Kenntnis der Regierung gelangen zu lassen.

Daß ich in dem genannten Buche, weil es gar keine *Würdigung* des Christentums enthält, mir auch keine *Abwürdigung* desselben habe zuschulden kommen lassen: denn eigentlich enthält es nur die Würdigung der natürlichen Religion. Die Anführung einiger biblischer Schriftstellen zur Bestätigung gewisser reiner Vernunftlehren der Religion kann allein zu diesem Mißverstande Veranlassung gegeben haben. Aber der sel. *Michaelis*[5], der in seiner philosophischen Moral ebenso verfuhr, erklärte sich schon hierüber dahin, daß er dadurch weder etwas Biblisches in die Philosophie hineinnoch etwas Philosophisches aus der Bibel herauszubringen gemeint sei, sondern nur seinen Vernunftsätzen durch wahre oder vermeinte Einstimmung mit anderer (vielleicht Dichter und Redner) Urteile Licht und Bestätigung gäbe. – Wenn aber die Vernunft hierbei so spricht, als ob sie für sich selbst hinlänglich, die Offenbarungslehre also überflüssig wäre (welches, wenn es objektiv so verstanden werden sollte, wirklich für Abwürdigung des Christentums gehalten werden müßte), so ist dieses wohl nichts als der Ausdruck der Würdigung ihrer selbst; nicht nach ihrem Vermögen, nach dem, was sie als zu tun vorschreibt, sofern aus ihr allein *Allgemeinheit, Einheit* und *Notwendigkeit* der Glaubenslehren hervorgeht, die das Wesentliche einer Religion überhaupt ausmachen, welches im Moralisch-Praktischen (dem, was wir tun *sollen*) besteht, wogegen das, was wir auf historische Beweisgründe zu glauben Ursache haben (denn hierbei gilt kein *Sollen*), d. i. die Offenbarung als an sich zufällige Glaubenslehre für außerwesentlich, darum aber doch nicht für unnötig und überflüssig angesehen wird; weil sie den *theoretischen* Mangel des reinen Vernunftglaubens, den dieser nicht ableugnet, z. B. in den Fragen über den Ursprung des Bösen, den Übergang von diesem zum Guten, die Gewißheit des Menschen im letzteren Zustande zu sein u. dgl., zu ergänzen dienlich und, als Befriedigung eines Vernunftbedürfnisses, dazu nach Verschiedenheit der Zeitumstände und Personen mehr oder weniger beizutragen behilflich ist.

Daß ich ferner meine große Hochachtung für die biblische Glaubenslehre im Christentum unter anderen auch durch die Erklärung in demselben obbenannten Buche bewiesen habe, daß die Bibel als das beste vorhandene zur Gründung und Erhaltung einer wahrhaft seelenbessernden Landesreligion auf unabsehliche Zeiten taugliche Leitmittel der öffentlichen Religionsunterweisung darin von mir angepriesen und daher auch die Unbescheidenheit gegen die theoretischen, Geheimnis enthaltenden Lehren derselben, in Schulen oder auf Kanzeln oder in Volksschriften (denn in Fakultäten muß es erlaubt sein), Einwürfe und Zweifel dagegen zu erregen, von mir getadelt und für Unfug erklärt worden; welches aber noch nicht die größte Achtungsbezeugung für das Christentum ist. Denn die hier aufgeführte Zusammenstimmung desselben mit dem reinsten moralischen Vernunftglauben ist die beste und dauerhafteste Lobrede desselben; weil eben dadurch, nicht durch historische Gelehrsamkeit, das so oft entartete Christentum immer wieder hergestellt worden ist und ferner bei ähnlichen Schicksalen, die auch künftig nicht ausbleiben werden, allein wiederum hergestellt werden kann.

Daß ich endlich, sowie ich anderen Glaubensbekennern jederzeit und vorzüglich gewissenhafte Aufrichtigkeit, nicht mehr davon vorzugeben und anderen als Glaubensartikel aufzudringen, als sie selbst davon gewiß sind, empfohlen, ich auch diesen Richter in mir selbst bei Abfassung meiner Schriften jederzeit als mir zur Seite stehend vorgestellt habe, um mich von jedem nicht allein seelenverderblichen Irrtum, sondern selbst jeder Anstoß erregenden Unbehutsamkeit im Ausdrucke entfernt zu halten; weshalb ich auch jetzt in meinem einundsiebzigsten Lebensjahre, wo der Gedanke leicht aufsteigt, es könne wohl sein, daß ich für alles dieses in kurzem einem Weltrichter als Herzenskündiger Rechenschaft geben müsse, die gegenwärtige, mir wegen meiner Lehre abgeforderte Verantwortung als mit völliger *Gewissenhaftigkeit* abgefaßt freimütig einreichen kann.

Was den *zweiten Punkt betrifft:* mir keine dergleichen (angeschuldigte) Entstellung und Herabwürdigung des Christentums künftighin zuschulden kommen zu lassen, so halte ich, um auch dem mindesten Verdachte darüber vorzubeugen, für das Sicherste, hiermit *als Ew. Königl. Maj. getreuester Untertan** feierlichst zu erklären: daß ich mich fernerhin aller öffentlichen Vorträge die Religion betreffend, es sei die natürliche oder geoffenbarte, sowohl in Vorlesungen als in Schriften, gänzlich enthalten werde.

In tiefster Devotion ersterbe ich usw.

Die weitere Geschichte des fortwährenden Treibens zu einem sich immer mehr von der Vernunft entfernenden Glauben ist bekannt.

Die Prüfung der Kandidaten zu geistlichen Ämtern ward nun einer *Glaubenskommission* anvertraut, der ein Schema Examinationis nach pietistischem Zuschnitte zum Grunde lag, welche gewissenhafte Kandidaten der Theologie zu Scharen von geistlichen Ämtern verscheuchte und die Juristenfakultät übervölkerte; eine Art von Auswanderung, die zufälligerweise nebenbei auch ihren Nutzen gehabt haben mag. – Um einen kleinen Begriff vom Geiste dieser Kom-

---

*Auch diesen Ausdruck wählte ich vorsichtig, damit ich nicht der Freiheit meines Urteils in diesem Religionsprozeß *auf immer*, sondern nur, solange Sr. Maj. am Leben wäre, entsagte.[6]

mission zu geben, so ward; nach der Forderung einer vor der Begnadigung notwendig vorhergehenden Zerknirschung, noch ein tiefer reuiger *Gram* (maeror animi) erfordert und von diesem nun gefragt: ob ihn der Mensch sich auch selbst geben könne? Quod negandum ac pernegandum, war die Antwort; der reuevolle Sünder muß sich diese Reue besonders vom Himmel erbitten. – Nun fällt ja in die Augen, daß den, welcher um *Reue* (über seine Übertretung) noch bitten muß, seine Tat wirklich nicht reut; welches ebenso widersprechend aussieht, als wenn es vom *Gebet* heißt: es müsse, wenn es erhörlich sein soll, im Glauben geschehen. Denn, wenn der Beter den Glauben hat, so braucht er nicht darum zu bitten; hat er ihn aber nicht, so kann er nicht erhörlich bitten.

Diesem Unwesen ist nunmehro gesteuert. Denn nicht allein zum bürgerlichen Wohl des gemeinen Wesens überhaupt, dem Religion ein höchst wichtiges Staatsbedürfnis ist, sondern besonders zum Vorteil der Wissenschaften, vermittelst eines diesen zu befördern eingesetzten Oberschulkollegiums, – hat sich neuerdings das glückliche Ereignis zugetragen, daß die Wahl einer weisen Landesregierung einen erleuchteten Staatsmann[7] getroffen hat, welcher nicht durch einseitige Vorliebe für ein besonderes Fach derselben (die Theologie), sondern in Hinsicht auf das ausgebreitete Interesse des ganzen Lehrstandes zur Beförderung desselben Beruf, Talent und Willen hat und so das Fortschreiten der Kultur im Felde der Wissenschaften wider alle neuen Eingriffe der Obskuranten sichern wird.

Unter dem allgemeinen Titel „der Streit der Fakultäten", erscheinen hier drei in verschiedener Absicht, auch zu verschiedenen Zeiten von mir abgefaßte, gleichwohl aber doch zur systematischen Einheit ihrer Verbindung in einem Werk geeignete Abhandlungen; von denen ich nur späterhin inne ward, daß sie, als der Streit der *unteren* mit den drei *oberen* (um der Zerstreuung vorzubeugen), schicklich in einem Bande sich zusammenfinden können.

ERSTER ABSCHNITT

Der Streit der philosophischen Fakultät mit der theologischen

Einleitung

Es war kein übler Einfall desjenigen, der zuerst den Gedanken faßte und ihn zur öffentlichen Ausführung vorschlug, den ganzen Inbegriff der Gelehrsamkeit (eigentlich die derselben gewidmeten Köpfe) gleichsam *fabrikenmäßig*, durch Verteilung der Arbeiten, zu behandeln, wo, soviel es Fächer der Wissenschaften gibt, soviel öffentliche Lehrer, *Professoren*, als Depositäre derselben angestellt würden, die zusammen eine Art von gelehrtem gemeinen Wesen, *Universität* (auch hohe Schule) genannt, ausmachten, die ihre Autonomie hätte (denn über Gelehrte als solche können nur Gelehrte urteilen); die daher vermittelst ihrer *Fakultäten** (kleiner, nach Verschiedenheit der Hauptfächer der Gelehrsamkeit, in welche sich die Universitätsgelehrten teilen, verschiedener Gesellschaften) teils die aus niederen Schulen zu ihr aufstrebenden Lehrlinge aufzunehmen, teils auch freie (keine Glieder derselben ausmachende) Lehrer, *Doktoren* genannt, nach vorhergehender Prüfung aus eigener Macht mit einem von jedermann anerkannten Rang zu versehen (ihnen einen Grad zu erteilen), d. i. sie zu *kreieren* berechtigt wäre.

Außer diesen *zünftigen* kann es noch *zunftfreie* Gelehrte geben, die nicht zur *Universität* gehören, sondern, indem sie

---

*Deren jede ihren *Dekan* als Regenten der Fakultät hat. Dieser aus der Astrologie entlehnte Titel, der ursprünglich einen der 3 Astralgeister bedeutete, welche einem Zeichen des Tierkreises (von 30°) vorstehen, deren jeder 10 Grade anführt, ist von den Gestirnen zuerst auf die Feldlager (ab astris ad castra, vid Salmasium[8] De annis climacteriis pag. 561) und zuletzt gar auf die Universitäten gezogen worden; ohne doch hierbei eben auf die Zahl 10 (der Professoren) zu sehen. Man wird es den Gelehrten nicht verdenken, daß sie, von denen fast alle Ehrentitel, mit denen sich jetzt Staatsleute ausschmücken, zuerst ausgedacht sind, sich selbst nicht vergessen haben.

bloß einen Teil des großen Inbegriffs der Gelehrsamkeit bearbeiten, entweder gewisse freie Korporationen (*Akademien,* auch *Sozietäten der Wissenschaften* genannt) als soviel Werkstätten ausmachen, oder gleichsam im Naturzustande der Gelehrsamkeit leben und jeder für sich ohne öffentliche Vorschrift und Regel sich mit Erweiterung oder Verbreitung derselben als *Liebhaber* beschäftigen.

Von den eigentlichen Gelehrten sind noch die *Literaten* (Studierte) zu unterscheiden, die als Instrumente der Regierung von dieser zu ihrem eigenen Zweck (nicht eben zum Besten der Wissenschaften), mit einem Amte bekleidet, zwar auf der Universität ihre Schule gemacht haben müssen, allenfalls aber vieles davon (was die Theorie betrifft) auch können vergessen haben, wenn ihnen nur so viel, als zur Führung eines bürgerlichen Amts, das seinen Grundlehren nach nur von Gelehrten ausgehen kann, erforderlich ist, nämlich empirische Kenntnis der Statuten ihres Amts (was also die Praxis angeht) übrigbehalten haben; die man also *Geschäftsleute* oder Werkkundige der Gelehrsamkeit nennen kann. Diese, weil sie als Werkzeuge der Regierung (Geistliche, Justizbeamte und Ärzte) aufs Publikum gesetzlichen Einfluß haben und eine besondere Klasse von Literaten ausmachen, die nicht frei sind, aus eigener Weisheit, sondern nur unter der Zensur der Fakultäten von der Gelehrsamkeit öffentlichen Gebrauch zu machen, müssen, weil sie sich unmittelbar ans Volk wenden, welches aus Idioten besteht (wie etwa der Klerus an die Laiker), in ihrem Fache aber zwar nicht die gesetzgebende, doch zum Teil die ausübende Gewalt haben, von der Regierung sehr in Ordnung gehalten werden, damit sie sich nicht über die richtende, welche den Fakultäten zukommt, wegsetzen.

Einteilung der Fakultäten überhaupt

Nach dem eingeführten Gebrauch werden sie in zwei Klassen, die der *drei oberen Fakultäten* und die *einer unteren,* eingeteilt. Man sieht wohl, daß bei dieser Einteilung und Benennung nicht der Gelehrtenstand, sondern die Regierung befragt worden ist. Denn zu den oberen werden nur diejenigen gezählt, deren Lehren, ob sie so oder anders beschaffen sein oder öffentlich vorgetragen werden sollen, es die Regierung selbst interessiert; da hingegen diejenige, welche nur das Interesse der Wissenschaft zu besorgen hat, die untere genannt wird, weil diese es mit ihren Sätzen halten mag, wie sie es gut findet. Die Regierung aber interessiert das am allermeisten, wodurch sie sich den stärksten und dauerndsten Einfluß aufs Volk verschafft, und dergleichen sind die Gegenstände der oberen Fakultäten. Daher behält sie sich das Recht vor, die Lehren der oberen selbst zu *sanktionieren*; die der unteren überläßt sie der eigenen Vernunft des gelehrten Volks. – Wenn sie aber gleich Lehren sanktioniert, so *lehrt* sie (die Regierung) doch nicht selbst; sondern will nur, daß gewisse Lehren von den respektiven Fakultäten in ihren *öffentlichen Vortrag* aufgenommen und die ihnen entgegengesetzten davon ausgeschlossen werden sollen. Denn sie lehrt nicht, sondern befehligt nur die, welche lehren (mit der Wahrheit mag es bewandt sein, wie es wolle), weil sie sich bei Antretung ihres Amts* durch einen Vertrag mit der Regierung dazu verstanden haben. – Eine Regierung, die sich mit den Lehren, also auch mit der Erweiterung oder Verbesserung der Wissenschaften befaßte, mithin selbst in höchster Person den Gelehrten spielen wollte, würde sich durch diese Pedanterei nur um die ihr schuldige Achtung bringen, und es ist unter ihrer Würde, sich mit dem Volk (dem Gelehrtenstande desselben) gemein zu machen, welches keinen Scherz versteht und alle, die sich mit Wissenschaften bemengen, über einen Kamm schiert.

Es muß zum gelehrten gemeinen Wesen durchaus auf der

*Man muß es gestehen, daß der Grundsatz des großbritannischen Parlamentes: die Rede ihres Königs vom Thron sei als ein Werk seines Ministers anzusehen (da es der Würde eines Monarchen zuwider sein würde, sich Irrtum, Unwissenheit oder Unwahrheit vorrücken zu lassen, gleichwohl aber das Haus über ihren Inhalt zu urteilen, ihn zu prüfen und anzufechten berechtigt sein muß), daß, sage ich, dieser Grundsatz sehr fein und richtig ausgedacht sei. Ebenso muß auch die Auswahl gewisser Lehren, welche die Regierung zum öffentlichen Vortrage ausschließlich sanktioniert, der Prüfung der Gelehrten ausgesetzt bleiben, weil sie nicht als das Produkt des Monarchen, sondern eines dazu befehligten Staatsbeamten, von dem man annimmt, er könne auch wohl den Willen seines Herrn nicht recht verstanden oder auch verdreht haben, angesehen werden müsse.

Universität noch eine Fakultät geben, die, in Ansehung ihrer Lehren vom Befehle der Regierung unabhängig,* keine Befehle zu geben, aber doch alle zu beurteilen die Freiheit habe, die mit dem wissenschaftlichen Interesse, d. i. mit dem der Wahrheit zu tun hat, wo die Vernunft öffentlich zu sprechen berechtigt sein muß; weil ohne eine solche die Wahrheit (zum Schaden der Regierung selbst) nicht an den Tag kommen würde, die Vernunft aber ihrer Natur nach frei ist und keine Befehle, etwas für wahr zu halten (kein crede, sondern nur ein freies credo), annimmt. – Daß aber eine solche Fakultät, unerachtet dieses großen Vorzugs (der Freiheit), dennoch die untere genannt wird, davon ist die Ursache in der Natur des Menschen anzutreffen: daß nämlich der, welcher befehlen kann, ob er gleich ein demütiger Diener eines anderen ist, sich doch vornehmer dünkt als ein anderer, der zwar frei ist, aber niemand zu befehlen hat.

I. Vom Verhältnisse der Fakultäten

Erster Abschnitt
BEGRIFF UND EINTEILUNG DER OBEREN FAKULTÄTEN

Man kann annehmen, daß alle künstlichen Einrichtungen, welche eine Vernunftidee (wie die von einer Regierung ist) zum Grunde haben, die sich an einem Gegenstande der Erfahrung (dergleichen das ganze gegenwärtige Feld der Gelehrsamkeit) praktisch beweisen soll, nicht durch bloß zu-

---

*Ein französischer Minister[9] berief einige der angesehensten Kaufleute zu sich und verlangte von ihnen Vorschläge, wie dem Handel aufzuhelfen sei; gleich als ob er darunter den besten zu wählen verstände. Nachdem einer dies, der andere das in Vorschlag gebracht hatte, sagte ein alter Kaufmann, der solange geschwiegen hatte: Schafft gute Wege, schlagt gut Gold, gebt ein promptes Wechselrecht u. dgl., übrigens aber „laßt uns machen". Dies wäre ungefähr die Antwort, welche die philosophische Fakultät [zu geben hätte], wenn die Regierung sie um die Lehren befrüge, die sie den Gelehrten überhaupt vorzuschreiben habe: den Fortschritt der Einsichten und Wissenschaften nur nicht zu hindern.

fällige Aufsammlung und willkürliche Zusammenstellung vorkommender Fälle, sondern nach irgendeinem in der Vernunft, wenngleich nur dunkel liegenden Prinzip und darauf gegründeten Plan versucht worden sind, der eine gewisse Art der Einteilung notwendig macht.

Aus diesem Grunde kann man annehmen, daß die Organisation einer Universität in Ansehung ihrer Klassen und Fakultäten nicht so ganz vom Zufall abgehangen habe, sondern daß die Regierung, ohne deshalb eben ihr frühe Weisheit und Gelehrsamkeit anzudichten, schon durch ihr eigenes gefühltes Bedürfnis (vermittelst gewisser Lehren aufs Volk zu wirken) a priori auf ein Prinzip der Einteilung, was sonst empirischen Ursprungs zu sein scheint, habe kommen können, das mit dem jetzt angenommenen glücklich zusammentrifft; wiewohl ich ihr darum, als ob sie fehlerfrei sei, nicht das Wort reden will.

Nach der Vernunft (d. h. objektiv) würden die Triebfedern, welche die Regierung zu ihrem Zweck (auf das Volk Einfluß zu haben) benutzen kann, in folgender Ordnung stehen: zuerst eines jeden *ewiges* Wohl, dann das *bürgerliche* als Glied der Gesellschaft, endlich das *Leibeswohl* (lange leben und gesund sein). Durch die öffentlichen Lehren in Ansehung des *ersten* kann die Regierung selbst auf das Innere der Gedanken und die verschlossensten Willensmeinungen der Untertanen, jene zu entdecken, diese zu lenken, den größten Einfluß haben; durch die, so sich aufs *zweite* beziehen, ihr äußeres Verhalten unter dem Zügel öffentlicher Gesetze halten; durch die *dritte* sich die Existenz eines starken und zahlreichen Volkes sichern, welches sie zu ihren Absichten brauchbar findet. – – Nach der *Vernunft* würde also wohl die gewöhnlich angenommene Rangordnung unter den oberen Fakultäten stattfinden, nämlich zuerst die *theologische*, darauf die der *Juristen* und zuletzt die *medizinische Fakultät*. Nach dem *Naturinstinkt* hingegen würde dem Menschen der Arzt der wichtigste Mann sein, weil dieser ihm sein *Leben* fristet, darauf allererst der Rechtserfahrene, der ihm das zufällige *Seine* zu erhalten verspricht, und nur zuletzt (fast nur, wenn es zum Sterben kommt), ob es zwar um die Seligkeit zu tun ist, der Geistliche gesucht werden; weil auch dieser selbst, sosehr er auch die Glückseligkeit der künftigen Welt preiset, doch, da er nichts von ihr vor sich sieht, sehnlich wünscht, von dem Arzt in diesem Jammertal immer noch einige Zeit erhalten zu werden.

Alle drei oberen Fakultäten gründen die ihnen von der Regierung anvertrauten Lehren auf *Schrift*, welches im Zustande eines durch Gelehrsamkeit geleiteten Volkes auch nicht anders sein kann, weil ohne diese es keine beständige, für jedermann zugängliche Norm, darnach es sich richten könnte, geben würde. Daß eine solche Schrift (oder Buch) *Statute*, d. i. von der Willkür eines Oberen ausgehende (für sich selbst nicht aus der Vernunft entspringende) Lehren enthalten müsse, versteht sich von selbst; weil diese sonst nicht, als von der Regierung sanktioniert, schlechthin Gehorsam fordern könnte; und dieses gilt auch von dem Gesetzbuche selbst in Ansehung derjenigen öffentlich vorzutragenden Lehren, die zugleich aus der *Vernunft* abgeleitet werden könnten, auf deren Ansehen aber jenes keine Rücksicht nimmt, sondern den Befehl eines äußeren Gesetzgebers zum Grunde legt. – Von dem Gesetzbuch als dem Kanon sind diejenigen Bücher, welche als (vermeintlich) vollständiger Auszug des Geistes des Gesetzbuchs zum faßlicheren Begriff und sichereren Gebrauch des gemeinen Wesens (der Gelehrten und Ungelehrten) von den Fakultäten abgefaßt werden, wie etwa die *symbolischen Bücher*, gänzlich unterschieden. Sie können nur verlangen, als *Organon*, um den Zugang zu jenem zu erleichtern, angesehen zu werden, und haben gar keine Auktorität; selbst dadurch nicht, daß sich etwa die vornehmsten Gelehrten von einem gewissen Fache darüber geeinigt haben, ein solches Buch statt Norm für ihre Fakultät gelten zu lassen, wozu sie gar nicht befugt sind, sondern sie einstweilen als Lehrmethode einzuführen, die aber nach Zeitumständen veränderlich bleibt und überhaupt auch nur das Formale des Vortrags betreffen kann, im Materialen der Gesetzgebung aber schlechterdings nichts ausmacht.

Daher schöpft der biblische Theolog (als zur oberen Fakultät gehörig) seine Lehren nicht aus der Vernunft, sondern aus der *Bibel*, der Rechtslehrer nicht aus dem Naturrecht, sondern aus dem *Landrecht*, der Arzneigelehrte *seine ins Publikum gehende Heilmethode* nicht aus der Physik des menschlichen Körpers, sondern aus der *Medizinalordnung*. – Sobald eine dieser Fakultäten etwas als aus der Vernunft Entlehntes einzumischen wagt, so verletzt sie die Auktorität der durch sie gebietenden Regierung und kommt ins Gehege der philosophischen, die ihr alle glänzenden, von jener geborgten Federn ohne Verschonen abzieht und mit ihr nach dem Fuß der Gleichheit und Freiheit verfährt. – Daher müssen die oberen Fakultäten am meisten darauf bedacht sein, sich mit der unteren ja nicht in Mißheirat einzulassen, sondern sie fein weit in ehrerbietiger Entfernung von sich abzuhalten, damit das Ansehen ihrer Statuten nicht durch die freien Vernünfteleien der letzteren Abbruch leide.

A. Eigentümlichkeit der theologischen Fakultät

Daß ein Gott sei, beweist der biblische Theolog daraus, daß er in der Bibel geredet hat, worin diese auch von seiner Natur (selbst bis dahin, wo die Vernunft mit der Schrift nicht Schritt halten kann, z. B. vom unerreichbaren Geheimnis seiner dreifachen Persönlichkeit) spricht. Daß aber Gott selbst durch die Bibel geredet habe, kann und darf, weil es eine Geschichtssache ist, der biblische Theolog als ein solcher nicht beweisen; denn das gehört zur philosophischen Fakultät. Er wird es also als Glaubenssache auf ein gewisses (freilich nicht erweisliches oder erklärliches) *Gefühl* der Göttlichkeit derselben, selbst für den Gelehrten, gründen, die Frage aber wegen dieser Göttlichkeit (im buchstäblichen Sinne genommen) des Ursprungs derselben im öffentlichen Vortrage ans Volk gar nicht aufwerfen müssen; weil dieses sich darauf als eine Sache der Gelehrsamkeit doch gar nicht versteht und hierdurch nur in vorwitzige Grübeleien und Zweifel verwickelt werden würde; da man hingegen hierin weit sicherer auf das Zutrauen rechnen kann, was das Volk in seine Lehrer setzt. – Den Sprüchen der Schrift einen mit dem Ausdruck nicht genau zusammentreffenden, sondern etwa moralischen Sinn unterzulegen, kann er auch nicht befugt sein, und da es keinen von Gott autorisierten menschlichen Schriftausleger gibt, muß der biblische Theolog eher auf übernatürliche Eröffnung des Verständnisses durch einen in alle Wahrheit leitenden Geist rechnen als zugeben, daß die Vernunft sich darin menge und ihre (aller höheren Autorität ermangelnde) Auslegung geltend mache. – Endlich, was die Vollziehung der göttlichen Gebote an unserem Willen betrifft, so muß der biblische Theolog ja nicht auf die Natur, d. i. das eigene moralische Vermögen des Menschen (die Tugend), sondern auf die Gnade (eine übernatürliche, dennoch zugleich moralische Einwirkung) rechnen, deren aber der Mensch auch nicht anders als vermittelst eines inniglich das Herz umwandelnden Glaubens teilhaftig werden, diesen Glauben selbst aber doch wiederum von der Gnade erwarten kann. – Bemengt der biblische Theolog sich in Ansehung irgendeines dieser Sätze mit der Vernunft, gesetzt daß diese auch mit der größten Aufrichtigkeit und dem größten Ernst auf dasselbe Ziel hinstrebte, so überspringt er (wie der Bruder des Romulus) die Mauer des alleinseligmachenden Kirchenglaubens und verläuft sich in das offene freie Feld der eigenen Beurteilung und Philosophie, wo er, der geistlichen Regierung entlaufen, allen Gefahren der Anarchie ausgesetzt ist. – Man muß aber wohl merken, daß ich hier vom *reinen* (purus, putus) biblischen Theologen rede, der von dem verschrieenen Freiheitsgeist der Vernunft und Philosophie noch nicht angesteckt ist. Denn, sobald wir zwei Geschäfte von verschiedener Art vermengen und ineinanderlaufen lassen, können wir uns von der Eigentümlichkeit jedes einzelnen derselben keinen bestimmten Begriff machen.

B. Eigentümlichkeit der Juristenfakultät

Der schriftgelehrte *Jurist* sucht die Gesetze der Sicherung des *Mein* und *Dein* (wenn er, wie er soll, als Beamter der Regierung verfährt) nicht in seiner Vernunft, sondern im öffentlich gegebenen und höchsten Orts sanktionierten Gesetzbuch. Den Beweis der Wahrheit und Rechtmäßigkeit derselben, imgleichen die Verteidigung wider die dagegen gemachte Einwendung der Vernunft kann man billigerweise von ihm nicht fordern. Denn die Verordnungen machen allererst, daß etwas recht ist, und nun nachzufragen, ob auch die Verordnungen selbst recht sein mögen, muß von den Juristen als ungereimt geradezu abgewiesen werden. Es wäre lächerlich, sich dem Gehorsam gegen einen äußeren und obersten Willen darum, weil dieser angeblich nicht mit der Vernunft übereinstimmt, entziehen zu wollen. Denn darin besteht eben das Ansehen der Regierung, daß sie den Untertanen nicht die Freiheit läßt, nach ihren eigenen Begriffen, sondern nach Vorschrift der gesetzgebenden Gewalt über Recht und Unrecht zu urteilen.

In einem Stücke aber ist es mit der Juristenfakultät für die Praxis doch besser bestellt als mit der theologischen: daß nämlich jene einen sichtbaren Ausleger der Gesetze hat, nämlich entweder an einem Richter oder, in der Appellation von ihm, an einer Gesetzkommission und (in der höchsten) am Gesetzgeber selbst, welches in Ansehung der auszulegenden Sprüche eines heiligen Buchs der theologischen Fakultät nicht so gut wird. Doch wird dieser Vorzug andererseits durch einen nicht geringeren Nachteil aufgewogen, nämlich daß die weltlichen Gesetzbücher der Veränderung unterworfen bleiben müssen, nachdem die Erfahrung mehr oder bessere Einsichten gewährt, dahingegen das heilige Buch keine Veränderung (Verminderung oder Vermehrung) statuiert und für immer geschlossen zu sein behauptet. Auch findet die Klage der Juristen, daß es beinahe vergeblich sei, eine genau bestimmte Norm der Rechtspflege (jus certum) zu hoffen, beim biblischen Theologen nicht statt. Denn dieser läßt sich den Anspruch nicht nehmen, daß seine Dogmatik nicht eine solche klare und auf alle Fälle bestimmte Norm enthalte. Wenn überdem die juristischen Praktiker (Advokaten oder Justizkommissarien), die dem Klienten schlecht geraten und ihn dadurch in Schaden versetzt haben, darüber doch nicht verantwortlich sein wollen (ob consilium nemo tenetur), so nehmen es doch die theologischen Geschäftsmänner (Prediger und Seelsorger) ohne Bedenken auf sich und stehen dafür, nämlich dem Tone nach, daß alles so auch in der künftigen Welt werde abgeurteilt werden, als sie es in dieser abgeschlossen haben; obgleich, wenn sie aufgefordert würden, sich förmlich zu erklären, ob sie für die Wahrheit alles dessen, was sie auf biblische Autorität geglaubt wissen wollen, mit ihrer Seele Gewähr zu leisten sich getrauten, sie wahrscheinlicherweise sich entschuldigen würden. Gleichwohl liegt es doch in der Natur der Grundsätze dieser Volkslehrer, die Richtigkeit ihrer Versicherung keineswegs bezweifeln zu lassen, welches sie freilich um desto sicherer tun können, weil sie in diesem Leben keine Widerlegung derselben durch Erfahrung befürchten dürfen.

C. Eigentümlichkeit der medizinischen Fakultät

Der Arzt ist ein Künstler, der doch, weil seine Kunst von der Natur unmittelbar entlehnt und um deswillen von einer Wissenschaft der Natur abgeleitet werden muß, als Gelehrter irgendeiner Fakultät untergeordnet ist, bei der er seine Schule gemacht haben und deren Beurteilung er unterworfen bleiben muß. – Weil aber die Regierung an der Art, wie er die Gesundheit des Volkes behandelt, notwendig großes Interesse nimmt, so ist sie berechtigt, durch eine Versammlung ausgewählter Geschäftsleute dieser Fakultät (praktischer Ärzte) über das öffentliche Verfahren der Ärzte durch ein *Obersanitätskollegium* und Medizinalverordnungen Aufsicht zu haben. Die letzteren aber bestehen wegen der besonderen Beschaffenheit dieser Fakultät, daß sie nämlich ihre Verhaltungsregeln nicht, wie die vorigen zwei oberen, von Befehlen eines Oberen, sondern aus der Natur der Dinge selbst hernehmen muß – weshalb ihre Lehren auch ursprünglich der philosophischen Fakultät, im weitesten Verstande genommen, angehören müßten –, nicht sowohl in dem, was die Ärzte tun, als was sie unterlassen sollen: nämlich *erstlich*, daß es fürs Publikum überhaupt Ärzte, *zweitens*, daß es keine Afterärzte gebe (kein jus impune occidendi[10], nach dem Grundsatz: fiat experimentum in corpore vili[11]). Da nun die Regierung nach dem ersten Prinzip für die *öffentliche Bequemlichkeit*, nach dem zweiten für die *öffentliche Sicherheit* (in der Gesundheitsangelegenheit des Volks) sorgt, diese zwei Stücke aber eine *Polizei* ausmachen, so wird alle Medizinalordnung eigentlich nur die *medizinische Polizei* betreffen.

Diese Fakultät ist also viel freier als die beiden ersten unter den oberen und der philosophischen sehr nahe verwandt; ja, was die Lehren derselben betrifft, wodurch Ärzte *gebildet* werden, gänzlich frei, weil es für sie keine durch höchste Autorität sanktioniert, sondern nur aus der Natur geschöpfte Bücher geben kann, auch keine eigentlichen Gesetze (wenn man darunter den unveränderlichen Willen des Gesetzgebers versteht), sondern nur Verordnungen (*Edikte*), welche zu kennen nicht Gelehrsamkeit ist, als zu der ein systematischer Inbegriff von Lehren erfordert wird, den zwar die Fakultät besitzt, welchen aber (als in keinem *Gesetzbuch* enthalten) die Regierung zu sanktionieren nicht Befugnis hat, sondern jener überlassen muß, indessen sie durch Dispensatorien und Lazarettanstalten den Geschäftsleuten derselben ihre Praxis im öffentlichen Gebrauch nur zu befördern bedacht ist. – Diese Geschäftsmänner (die Ärzte) aber bleiben in Fällen, welche als die medizinische Polizei betreffend die Regierung interessieren, dem Urteile ihrer Fakultät unterworfen.

Zweiter Abschnitt
BEGRIFF UND EINTEILUNG DER UNTEREN FAKULTÄT

Man kann die untere Fakultät diejenige Klasse der Universität nennen, die oder sofern sie sich nur mit Lehren beschäftigt, welche nicht auf den Befehl eines Oberen zur Richtschnur angenommen werden. Nun kann es zwar geschehen, daß man eine praktische Lehre aus Gehorsam befolgt; sie aber darum, weil es befohlen ist (de par le roi), für wahr anzunehmen, ist nicht allein objektiv (als ein Urteil, das nicht sein *sollte*), sondern auch subjektiv (als ein solches, welches kein Mensch fällen *kann*) schlechterdings unmöglich. Denn, der irren will, wie er sagt, irrt wirklich nicht und nimmt das falsche Urteil nicht in der Tat für wahr an, sondern gibt nur ein Fürwahrhalten fälschlich vor, das in ihm doch nicht anzutreffen ist. – Wenn also von der *Wahrheit* gewisser Lehren, die in öffentlichen Vortrag gebracht werden sollen, die Rede ist, so kann sich der Lehrer desfalls nicht auf höchsten Befehl berufen noch der Lehrling vorgeben, sie auf Befehl geglaubt zu haben, sondern nur, wenn vom *Tun* geredet wird. Alsdann aber muß er doch, daß ein solcher Befehl wirklich ergangen, imgleichen, daß er ihm zu gehorchen verpflichtet oder wenigstens befugt sei, durch ein *freies* Urteil erkennen, widrigenfalls seine Annahme ein leeres Vorgeben und Lüge ist. – Nun nennt man das Vermögen, nach der Autonomie, d. i. frei (Prinzipien des Denkens überhaupt gemäß) zu urteilen, die Vernunft. Also wird die philosophische Fakultät darum, weil sie für die *Wahrheit* der Lehren, die sie aufnehmen oder auch nur einräumen soll, stehen muß, insofern als frei und nur unter der Gesetzgebung der Vernunft, nicht der der Regierung stehend gedacht werden müssen.

24

Auf einer Universität muß aber auch ein solches Departement gestiftet, d. i. es muß eine philosophische Fakultät sein. In Ansehung der drei oberen dient sie dazu, sie zu kontrollieren und ihnen eben dadurch nützlich zu werden, weil auf *Wahrheit* (der wesentlichen und ersten Bedingung der Gelehrsamkeit überhaupt) alles ankommt; die *Nützlichkeit* aber, welche die oberen Fakultäten zum Behuf der Regierung versprechen, nur ein Moment vom zweiten Range ist. – Auch kann man allenfalls der theologischen Fakultät den stolzen Anspruch, daß die philosophische ihre Magd sei, einräumen (wobei doch noch immer die Frage bleibt: ob diese ihrer gnädigen Frau *die Fackel vorträgt* oder *die Schleppe nachträgt*), wenn man sie nur nicht verjagt oder ihr den Mund zubindet; denn eben diese Anspruchslosigkeit, bloß frei zu sein, aber auch frei zu lassen, bloß die Wahrheit zum Vorteil jeder Wissenschaft auszumitteln und sie zum beliebigen Gebrauch der oberen Fakultäten hinzustellen, muß sich der Regierung selbst als unverdächtig, ja als unentbehrlich empfehlen.

Die philosophische Fakultät enthält nun zwei Departements: das eine der *historischen Erkenntnis* (wozu Geschichte, Erdbeschreibung, gelehrte Sprachkenntnis, Humanistik mit allem gehört, was die Naturkunde von empirischer Erkenntnis darbietet), das andere der *reinen Vernunfterkenntnisse* (reinen Mathematik und der reinen Philosophie, Metaphysik der Natur und der Sitten), und beide Teile der Gelehrsamkeit in ihrer wechselseitigen Beziehung aufeinander. Sie erstreckt sich ebendarum auf alle Teile des menschlichen Wissens (mithin auch historisch über die oberen Fakultäten), nur daß sie nicht alle (nämlich die eigentümlichen Lehren oder Gebote der oberen) zum Inhalte, sondern zum Gegenstande ihrer Prüfung und Kritik in Absicht auf den Vorteil der Wissenschaften macht.

Die philosophische Fakultät kann also alle Lehren in Anspruch nehmen, um ihre Wahrheit der Prüfung zu unterwerfen. Sie kann von der Regierung, ohne daß diese ihrer eigentlichen, wesentlichen Absicht zuwider handle, nicht mit einem Interdikt belegt werden, und die oberen Fakultäten müssen sich ihre Einwürfe und Zweifel, die sie öffentlich vorbringt, gefallen lassen, welches jene zwar allerdings lästig finden dürften, weil sie ohne solche Kritiker in ihrem, unter welchem Titel es auch sei, einmal innehabenden Besitz ungestört ruhen und dabei noch despotisch hätten befehlen können. – Nur den Geschäftsleuten jener oberen Fakultäten (den Geistlichen, Rechtsbeamten und Ärzten) kann es allerdings verwehrt werden, daß sie den ihnen in Führung ihres respektiven Amts von der Regierung zum Vortrage anvertrauten Lehren nicht öffentlich widersprechen und den Philosophen zu spielen sich erkühnen; denn das kann nur den Fakultäten, nicht den von der Regierung bestellten Beamten erlaubt sein, weil diese ihr Wissen nur von jenen her haben. Die letzteren nämlich, z. B. Prediger und Rechtsbeamte, wenn sie ihre Einwendungen und Zweifel gegen die geistliche oder weltliche Gesetzgebung ans Volk zu richten sich gelüsten ließen, würden es dadurch gegen die Regierung aufwiegeln; dagegen die Fakultäten sie nur gegeneinander als Gelehrte richten, wovon das Volk praktischerweise keine Notiz nimmt, selbst wenn sie auch zu seiner Kenntnis gelangen, weil es sich selbst bescheidet, daß Vernünfteln nicht seine Sache sei, und sich daher verbunden fühlt, sich nur an dem zu halten, was ihm durch die dazu bestellten Beamten der Regierung verkündigt wird. – Diese Freiheit aber, die der unteren Fakultät nicht geschmälert werden darf, hat den Erfolg, daß die oberen Fakultäten (selbst besser belehrt) die Beamten immer mehr in das Gleis der Wahrheit bringen, welche dann ihrerseits, auch über ihre Pflicht beser aufgeklärt, in der Abänderung des Vortrags keinen Anstoß finden werden; da er nur ein besseres Verständnis der Mittel zu ebendemselben Zweck ist, welches, ohne polemische und nur Unruhe erregende Angriffe auf bisher bestandene Lehrweisen, mit völliger Beibehaltung des Materialen derselben gar wohl geschehen kann.

Dritter Abschnitt

VOM GESETZWIDRIGEN STREIT DER OBEREN FAKULTÄTEN MIT DER UNTEREN

Gesetzwidrig ist ein öffentlicher Streit der Meinungen, mithin ein gelehrter Streit entweder der *Materie* wegen: wenn es gar nicht erlaubt wäre, über einen öffentlichen Satz zu *streiten*, weil es gar nicht erlaubt ist, über ihn und seinen Gegensatz öffentlich zu urteilen; oder bloß der *Form* wegen: wenn die Art, wie er geführt wird, nicht in objektiven Gründen, die auf die Vernunft des Gegners gerichtet sind, sondern in subjektiven, sein Urteil durch *Neigung* bestimmenden Bewegursachen besteht, um ihn durch List (wozu auch Bestechung gehört) oder Gewalt (Drohung) zur Einwilligung zu bringen.

Nun wird der Streit der Fakultäten um den Einfluß aufs Volk geführt, und diesen Einfluß können sie nur bekommen, sofern jede derselben das Volk glauben machen kann, daß sie das Heil desselben am besten zu befördern verstehe, dabei aber doch in der Art, wie sie dieses auszurichten gedenken, einander gerade entgegengesetzt sind.

Das Volk aber setzt sein Heil zuoberst nicht in die Freiheit, sondern in seine natürlichen Zwecke, also in diese drei Stücke: nach dem Tode *selig*, im Leben unter anderen Mitmenschen des *Seinen* durch öffentliche Gesetze gesichert, endlich des physischen Genusses des *Lebens* an sich selbst (d. i. der Gesundheit und langen Lebens) gewärtig zu sein.

Die philosophische Fakultät aber, die sich auf alle diese Wünsche nur durch Vorschriften, die sie aus der Vernunft entlehnt, einlassen kann, mithin dem Prinzip der Freiheit anhänglich ist, hält sich nur an das, was der Mensch selbst hinzutun kann und soll: *rechtschaffen* zu leben, keinem *Unrecht* zu tun, sich *mäßig* im Genusse und duldend in Krankheiten und dabei vornehmlich auf die Selbsthilfe der Natur rechnend zu verhalten; zu welchem allem es freilich nicht eben großer Gelehrsamkeit bedarf, wobei man dieser aber auch größtenteils entbehren kann, wenn man nur seine Neigungen bändigen und seiner Vernunft das Regiment anvertrauen wollte, was aber, als Selbstbemühung, dem Volk gar nicht gelegen ist.

Die drei oberen Fakultäten werden nun vom Volk (das in obigen Lehren für seine Neigung zu *genießen* und Abneigung sich darum zu *bearbeiten* schlechten Ernst findet) aufgefordert, ihrerseits Propositionen zu tun, die annehmlicher sind; und da lauten die Ansprüche an die Gelehrten wie folgt: Was ihr *Philosophen* da schwatzet, wußte ich längst von selbst; ich will aber von euch als Gelehrten wissen: wie, wenn ich auch *ruchlos* gelebt hätte, ich dennoch kurz vor dem Torschlusse mir ein Einlaßbillett ins Himmelreich verschaffen, wie, wenn ich auch *unrecht* habe, ich doch meinen Prozeß gewinnen, und wie, wenn ich auch meine körperlichen Kräfte nach Herzenslust benutzt und *mißbraucht* hätte, ich doch gesund bleiben und lange leben könne. Dafür habt ihr ja studiert, daß ihr mehr wissen müßt als unsereiner (von euch Idioten genannt), der auf nichts weiter als auf gesunden Verstand Anspruch macht. – Es ist aber hier, als ob das Volk zu dem Gelehrten wie zum Wahrsager und Zauberer ginge, der mit übernatürlichen Dingen Bescheid weiß; denn der Ungelehrte macht sich von einem Gelehrten, dem er etwas zumutet, gern übergroße Begriffe. Daher ist es natürlicherweise vorauszusehen, daß, wenn sich jemand für einen solchen Wundermann auszugeben nur dreist genug ist, ihm das Volk zufallen und die Seite der philosophischen Fakultät mit Verachtung verlassen werde.

Die Geschäftsleute der drei oberen Fakultäten sind aber jederzeit solche Wundermänner, wenn der philosophischen nicht erlaubt wird, ihnen öffentlich entgegenzuarbeiten, nicht um ihre Lehren zu stürzen, sondern nur der magischen Kraft, die ihnen und den damit verbundenen Observanzen das Publikum abergläubisch beilegt, zu widersprechen, als wenn sie, bei einer passiven Übergebung an solche kunstreiche Führer sich, alles Selbsttuns überhoben und mit großer Gemächlichkeit durch sie zu Erreichung jener angelegenen Zwecke schon werde geleitet werden.

Wenn die oberen Fakultäten solche Grundsätze annehmen (welches freilich ihre Bestimmung nicht ist), so sind und bleiben sie ewig im Streit mit der unteren; dieser Streit aber ist auch *gesetzwidrig*, weil sie die Übertretung der Gesetze nicht allein als kein Hindernis, sondern wohl gar als erwünschte Veranlassung ansehen, ihre große Kunst und Geschicklichkeit zu zeigen, alles wieder gut, ja noch besser zu machen, als es ohne dieselbe geschehen würde.

Das Volk will *geleitet*, d. i. (in der Sprache der Demagogen) es will *betrogen* sein. Es will aber nicht von den Fakultätsgelehrten (denn deren Weisheit ist ihm zu hoch), sondern von den Geschäftsmännern derselben, die das Machwerk (sçavoir faire) verstehen, von den Geistlichen, Justizbeamten, Ärzten geleitet sein, die als Praktiker die vorteilhafteste

28

Vermutung für sich haben; dadurch dann die Regierung, die nur durch sie aufs Volk wirken kann, selbst *verleitet* wird, den Fakultäten eine Theorie aufzudringen, die nicht aus der reinen Einsicht der Gelehrten derselben entsprungen, sondern auf den Einfluß berechnet ist, den ihre Geschäftsmänner dadurch aufs Volk haben können, weil dieses natürlicherweise dem am meisten anhängt, wobei es am wenigsten nötig hat, sich selbst zu bemühen und sich seiner eigenen Vernunft zu bedienen, und wo am besten die Pflichten mit den Neigungen in Verträglichkeit gebracht werden können; z. B. im theologischen Fache, daß buchstäblich glauben, ohne zu untersuchen (selbst ohne einmal recht zu verstehen), was geglaubt werden soll, für sich heilbringend sei, und daß durch Begehung gewisser vorschriftsmäßiger Formalien unmittelbar Verbrechen können abgewaschen werden; oder im juristischen, daß die Befolgung des Gesetzes nach dem Buchstaben der Untersuchung des Sinnes des Gesetzgebers überhebe.

Hier ist nun ein wesentlicher, nie beizulegender gesetzwidriger Streit zwischen den oberen und der unteren Fakultät, weil das Prinzip der Gesetzgebung für die ersteren, welches man der Regierung unterlegt, eine von ihr autorisierte Gesetzlosigkeit selbst sein würde. – Denn da *Neigung* und überhaupt das, was jemand seiner *Privatabsicht* zuträglich findet, sich schlechterdings nicht zu einem Gesetze qualifiziert, mithin auch nicht als ein solches von den oberen Fakultäten vorgetragen werden kann, so würde eine Regierung, welche dergleichen sanktionierte, indem sie wider die Vernunft selbst verstößt, jene oberen Fakultäten mit der philosophischen in einen Streit versetzen, der gar nicht geduldet werden kann, indem er diese gänzlich vernichtet, welches freilich das kürzeste, aber auch (nach dem Ausdruck der Ärzte) ein in Todesgefahr bringendes *heroisches* Mittel ist, einen Streit zu Ende zu bringen.

Vierter Abschnitt

VOM GESETZMÄSSIGEN STREIT DER OBEREN FAKULTÄTEN
MIT DER UNTEREN

Welcherlei Inhalts auch die Lehren immer sein mögen, deren öffentlichen Vortrag die Regierung durch ihre Sanktion den oberen Fakultäten aufzulegen befugt sein mag, so können sie doch nur als Statute, die von ihrer Willkür ausgehen, und als menschliche Weisheit, die nicht unfehlbar ist, angenommen und verehrt werden. Weil indessen die Wahrheit derselben ihr durchaus nicht gleichgültig sein darf, in Ansehung welcher sie der Vernunft (deren Interesse die philosophische Fakultät zu besorgen hat) unterworfen bleiben müssen, dieses aber nur durch Verstattung völliger Freiheit einer öffentlichen Prüfung derselben möglich ist, so wird, weil willkürliche, obzwar höchsten Orts sanktionierte Satzungen mit den durch die Vernunft als notwendig behaupteten Lehren nicht so von selbst immer zusammenstimmen dürften, erstlich zwischen den oberen Fakultäten und der unteren der Streit unvermeidlich, zweitens aber auch *gesetzmäßig* sein, und dieses nicht bloß als Befugnis, sondern auch als Pflicht der letzteren, wenngleich nicht die *ganze* Wahrheit öffentlich zu sagen, doch darauf bedacht zu sein, daß alles, was, so gesagt, als Grundsatz aufgestellt wird, wahr sei.

Wenn die Quelle gewisser sanktionierter Lehren *historisch* ist, so mögen diese auch noch sehr als heilig dem unbedenklichen Gehorsam des Glaubens anempfohlen werden: die philosophische Fakultät ist berechtigt, ja verbunden, diesem Ursprunge mit kritischer Bedenklichkeit nachzuspüren. Ist sie *rational*, ob sie gleich im Tone einer historischen Erkenntnis (als Offenbarung) aufgestellt worden, so kann ihr (der unteren Fakultät) nicht gewehrt werden, die Vernunftgründe der Gesetzgebung aus dem historischen Vortrage herauszusuchen und überdem, ob sie technisch- oder moralisch-praktisch sind, zu würdigen. Wäre endlich der Quell der sich als Gesetz ankündigenden Lehre gar nur *ästhetisch*, d. i. auf ein mit einer Lehre verbundenes Gefühl gegründet (welches, da es kein objektives Prinzip abgibt, nur als subjektiv gültig, ein allgemeines Gesetz daraus zu machen untauglich, etwa frommes Gefühl eines übernatürlichen Einflusses sein würde), so muß es der philosophischen Fakultät freistehen, den Ursprung und Gehalt eines solchen angeblichen Belehrungsgrundes mit kalter Vernunft öffentlich zu prüfen und zu würdigen, ungeschreckt durch die Heiligkeit des Gegenstandes, den man zu fühlen vorgibt, und entschlossen, dieses vermeinte Gefühl auf Begriffe zu bringen. – Folgendes enthält die formalen Grundsätze der Führung eines solchen Streits und die sich daraus ergebenden Folgen:

1) Dieser Streit kann und soll nicht durch friedliche Übereinkunft (*amicabilis compositio*) beigelegt werden, sondern bedarf (als Prozeß) einer *Sentenz*, d. i. des rechtskräftigen Spruches eines Richters (der Vernunft); denn es könnte nur durch Unlauterkeit, Verheimlichung der Ursachen des Zwistes und Beredung geschehen, daß er beigelegt würde, dergleichen Maxime aber dem Geiste einer *philosophischen* Fakultät, als der auf öffentliche Darstellung der Wahrheit geht, ganz zuwider ist.

2) Er kann nie aufhören, und die philosophische Fakultät ist diejenige, die dazu jederzeit gerüstet sein muß. Denn statutarische Vorschriften der Regierung in Ansehung der öffentlich vorzutragenden Lehren werden immer sein müssen, weil die unbeschränkte Freiheit, alle seine Meinungen ins Publikum zu schreien, teils der Regierung, teils aber auch diesem Publikum selbst gefährlich werden müßte. Alle Satzungen der Regierung aber, weil sie von Menschen ausgehen, wenigstens von diesen sanktioniert werden, bleiben jederzeit der Gefahr des Irrtums oder der Zweckwidrigkeit unterworfen; mithin sind sie es auch in Ansehung der Sanktionen der Regierung, womit diese die oberen Fakultäten versieht. Folglich kann die philosophische Fakultät ihre Rüstung gegen die Gefahr, womit die Wahrheit, deren Schutz ihr aufgetragen ist, bedroht wird, nie ablegen, weil die oberen Fakultäten ihre Begierde zu herrschen nie ablegen werden.

3) Dieser Streit kann dem Ansehen der Regierung nie Abbruch tun. Denn er ist nicht ein Streit der Fakultäten mit der Regierung, sondern einer Fakultät mit der anderen, dem die Regierung ruhig zusehen kann; weil, ob sie zwar gewisse Sätze der oberen in ihren besonderen Schutz genommen hat, sofern sie solche der letzteren ihren Geschäftsleuten zum öffentlichen Vortrage vorschreibt, so hat

31

sie doch nicht die Fakultäten als gelehrte Gesellschaften, wegen der Wahrheit dieser ihrer öffentlich vorzutragenden Lehren, Meinungen und Behauptungen, sondern nur wegen ihres (der Regierung) eigenen Vorteils in Schutz genommen, weil es ihrer Würde nicht gemäß sein würde, über den inneren Wahrheitsgehalt derselben zu entscheiden und so selbst den Gelehrten zu spielen. – Die oberen Fakultäten sind nämlich der Regierung für nichts weiter verantwortlich als für die Instruktion und Belehrung, die sie ihren *Geschäftsleuten* zum öffentlichen Vortrage geben; denn sie laufen ins Publikum als *bürgerliches* gemeines Wesen und sind daher, weil sie dem Einfluß der Regierung auf dieses Abbruch tun könnten, dieser ihrer Sanktion unterworfen. Dagegen gehen die Lehren und Meinungen, welche die Fakultäten unter dem Namen der Theoretiker untereinander abzumachen haben, in eine andere Art von Publikum, nämlich in das eines gelehrten gemeinen Wesens, welches sich mit Wissenschaften beschäftigt; wovon das Volk sich selbst bescheidet, daß es nichts davon versteht, die Regierung aber mit gelehrten Händeln sich zu befassen für sich nicht anständig findet.* Die Klasse der oberen Fakultäten (als die

*Dagegen, wenn der Streit vor dem bürgerlichen gemeinen Wesen (öffentlich, z. B. auf Kanzeln) geführt würde, wie es die Geschäftsleute (unter dem Namen der Praktiker) gern versuchen, so wird er unbefugterweise vor den Richterstuhl des Volkes (dem in Sachen der Gelehrsamkeit gar kein Urteil zusteht) gezogen und hört auf, ein gelehrter Streit zu sein; da dann jener Zustand des gesetzwidrigen Streites, wovon oben Erwähnung geschehen, eintritt, wo Lehren den Neigungen des Volkes angemessen vorgetragen werden und der Same des Aufruhrs und der Faktionen ausgestreut, die Regierung aber dadurch in Gefahr gebracht wird. Diese eigenmächtig sich selbst dazu aufwerfenden Volkstribunen treten sofern aus dem Gelehrtenstande, greifen in die Rechte der bürgerlichen Verfassung (Welthändel) ein und sind eigentlich die *Neologen*, deren mit Recht verhaßter Name aber sehr mißverstanden wird, wenn er jede Urheber einer Neuigkeit in Lehren und Lehrformen trifft. (Denn warum sollte das Alte eben immer das Bessere sein?) Dagegen diejenigen eigentlich damit gebrandmarkt zu werden verdienen, welche eine ganz andere Regierungsform oder vielmehr eine Regierungslosigkeit (Anarchie) einführen, indem sie das, was eine Sache der Gelehrsamkeit ist, der Stimme des Volkes zur Entscheidung übergeben, dessen Urteil sie durch Einfluß auf seine Gewohnhei-

rechte Seite des Parlaments der Gelahrtheit) verteidigt die Statute der Regierung, indessen daß es in einer so freien Verfassung, als die sein muß, wo es um Wahrheit zu tun ist, auch eine Oppositionspartei (die linke Seite) geben muß, welche die Bank der philosophischen Fakultät ist, weil ohne deren strenge Prüfung und Einwürfe die Regierung von dem, was ihr selbst ersprießlich oder nachteilig sein dürfte, nicht hinreichend belehrt werden würde. – Wenn aber die Geschäftsleute der Fakultäten in Ansehung der für den öffentlichen Vortrag gegebenen Verordnung für ihren Kopf Änderungen machen wollten, so kann die Aufsicht der Regierung diese als *Neuerer*, welche ihr gefährlich werden könnten, in Anspruch nehmen und doch gleichwohl über sie nicht unmittelbar, sondern nur nach dem von der oberen Fakultät eingezogenen alleruntertänigsten Gutachten absprechen, weil diese Geschäftsleute nur *durch die Fakultät* von der Regierung zu dem Vortrage gewisser Lehren haben angewiesen werden können.

4) Dieser Streit kann sehr wohl mit der Eintracht des gelehrten und bürgerlichen gemeinen Wesens in Maximen zusammen bestehen, deren Befolgung einen beständigen Fortschritt beider Klassen von Fakultäten zu größerer Vollkommenheit bewirken muß und endlich zur Entlassung von allen Einschränkungen der Freiheit des öffentlichen Urteils durch die Willkür der Regierung vorbereitet.

Auf diese Weise könnte es wohl dereinst dahin kommen, daß die Letzten die Ersten (die untere Fakultät die obere) würden, zwar nicht in der Machthabung, aber doch in Beratung des Machthabenden (der Regierung), als welche in der Freiheit der philosophischen Fakultät und der ihr daraus erwachsenden Einsicht besser als in ihrer eigenen absoluten Autorität Mittel zu Erreichung ihrer Zwecke antreffen würde.

Resultat

Dieser Antagonismus, d. i. *Streit* zweier miteinander zu einem gemeinschaftlichen Endzweck vereinigter Parteien

ten, Gefühle und Neigungen nach Belieben lenken und so einer gesetzmäßigen Regierung den Einfluß abgewinnen können.

(concordia discors, discordia concors), ist also kein *Krieg*, d. i. keine Zwietracht aus der Entgegensetzung der Endabsichten in Ansehung des gelehrten *Mein* und *Dein*, welches, sowie das politische, aus *Freiheit* und *Eigentum* besteht, wo jene als Bedingung notwendig vor diesem vorhergehen muß; folglich den oberen Fakultäten kein Recht verstattet werden kann, ohne daß es der unteren zugleich erlaubt bleibe, ihre Bedenklichkeit über dasselbe an das gelehrte Publikum zu bringen.

II. Anhang einer Erläuterung des Streits der Fakultäten durch das Beispiel desjenigen zwischen der theologischen und philosophischen

I. Materie des Streits

Der biblische Theolog ist eigentlich der *Schriftgelehrte* für den *Kirchenglauben*, der auf Statuten, d.i. auf Gesetzen beruht, die aus der Willkür eines anderen ausfließen; dagegen ist der rationale der *Vernunftgelehrte* für den *Religionsglauben*, folglich denjenigen, der auf inneren Gesetzen beruht, die sich aus jedes Menschen eigener Vernunft entwickeln lassen. Daß dieses so sei, d. i. daß Religion nie auf Satzungen (so hohen Ursprungs sie immer sein mögen) gegründet werden könne, erhellt selbst aus dem Begriffe der Religion. Nicht der Inbegriff gewisser Lehren als göttlicher Offenbarungen (denn der heißt Theologie), sondern der aller unserer Pflichten überhaupt als göttlicher *Gebote* (und subjektiv der Maxime, sie als solche zu befolgen) ist Religion. Religion unterscheidet sich nicht der Materie, d. i. dem Objekt nach in irgendeinem Stücke von der Moral, denn sie geht auf Pflichten überhaupt, sondern ihr Unterschied von dieser ist bloß formal, d. i. eine Gesetzgebung der Vernunft, um der Moral durch die aus dieser selbst erzeugte Idee von Gott auf den menschlichen Willen zu Erfüllung aller seiner Pflichten Einfluß zu geben. Darum ist sie aber auch nur eine einzige, und es gibt nicht verschiedene Religionen, aber wohl verschiedene Glaubensarten an göttliche Offenbarung und deren statutarische Lehren, die nicht aus der Vernunft entspringen können, d. i. verschiedene Formen der sinnlichen Vorstellungsart des göttlichen Willens, um ihm Einfluß auf die Gemüter zu verschaffen, unter denen das Christentum, soviel wir wissen, die schicklichste Form ist. Dies findet sich nun in der Bibel aus zwei ungleichartigen Stücken zusammengesetzt, dem einen, welches den Kanon, dem anderen, was das Organon oder Vehikel der Religion enthält, wovon der erste der reine Religionsglaube (ohne Statuten auf bloße Vernunft gegründet), der andere der *Kirchenglaube*, der ganz auf Statuten beruht, genannt werden kann, die einer Offenbarung bedurften, wenn sie für heilige Lehre und Lebensvorschriften gelten sollten. – Da aber auch dieses Leitzeug zu jenem Zweck zu gebrauchen Pflicht ist, wenn es für göttliche Offenbarung angenommen werden darf, so läßt sich daraus erklären, warum der sich auf Schrift gründende Kirchenglaube bei Nennung des Religionsglaubens gemeiniglich mitverstanden wird.

Der biblische Theolog sagt[12]: Suchet in der Schrift, wo ihr meinet, das ewige Leben zu finden. Dieses aber, weil die Bedingung desselben keine andere als die moralische Besserung des Menschen ist, kann kein Mensch in irgendeiner Schrift finden, als wenn er sie hineinlegt, weil die dazu erforderlichen Begriffe und Grundsätze eigentlich nicht von irgendeinem anderen gelernt, sondern nur bei Veranlassung eines Vortrages aus der eigenen Vernunft des Lehrers entwickelt werden müssen. Die Schrift aber enthält noch mehr, als was an sich selbst zum ewigen Leben erforderlich ist, was nämlich zum Geschichtsglauben gehört und in Ansehung des Religionsglaubens als bloßes sinnliches Vehikel zwar (für diese oder jene Person, für dieses oder jenes Zeitalter) zuträglich sein kann, aber nicht notwendig dazu gehört. Die biblisch-theologische Fakultät dringt nun darauf als göttliche Offenbarung im gleichen Maße, als wenn der Glaube desselben zur Religion gehörte. Die philosophische aber widerstreitet jener in Ansehung dieser Vermengung und dessen, was jene über die eigentliche Religion Wahres in sich enthält.

Zu diesem Vehikel (d. i. dem, was über die Religionslehre noch hinzukommt) gehört auch noch die *Lehrmethode*, die man als den Aposteln selbst überlassen und nicht als göttliche Offenbarung betrachten darf, sondern beziehungsweise auf die Denkungsart der damaligen Zeiten (χατ' άν-θρωπον)[13] und nicht als Lehrstücke an sich selbst (χατ' άλ-ήθειαν)[14] geltend annehmen kann, und zwar entweder negativ als bloße Zulassung gewisser damals herrschender, an sich irriger Meinungen, um nicht gegen einen herrschenden, doch im wesentlichen gegen die Religion nicht streitenden damaligen Wahn zu verstoßen (z. B. das von den Besessenen), oder auch positiv, um sich der Vorliebe eines Volkes für ihren alten Kirchenglauben, der jetzt ein Ende haben sollte, zu bedienen, um den neuen zu introduzieren (z. B. die Deutung der Geschichte des alten Bundes als Vorbilder von dem, was im neuen geschah, welche als Judaismus, wenn sie irrigerweise in die Glaubenslehre als ein Stück derselben aufgenommen wird, uns wohl den Seufzer ablocken kann: Nunc istae reliquiae nos exercent Cicero[15]).

Um deswillen ist eine Schriftgelehrsamkeit des Christentums manchen Schwierigkeiten der Auslegungskunst unterworfen, über die und deren Prinzip die obere Fakultät (der biblische Theolog) mit der unteren in Streit geraten muß, indem die erstere, als für die theoretische biblische Erkenntnis vorzüglich besorgt, die letztere in Verdacht zieht, alle Lehren, die als eigentliche Offenbarungslehren und also buchstäblich angenommen werden müßten, wegzuphilosophieren und ihnen einen beliebigen Sinn unterzuschieben, diese aber als mehr aufs Praktische, d. i. mehr auf Religion als auf Kirchenglauben sehend, umgekehrt jene beschuldigt, durch solche Mittel den Endzweck, der als innere Religion moralisch sein muß und auf der Vernunft beruht, ganz aus den Augen zu bringen. Daher die letztere, welche die Wahrheit zum Zweck hat, mithin die Philosophie im Falle des Streits über den Sinn einer Schriftstelle sich das Vorrecht anmaßt, ihn zu bestimmen. Folgendes sind die philosophischen Grundsätze der Schriftauslegerei, wodurch nicht verstanden werden will, daß die Auslegung philosophisch (zur Erweiterung der Philosophie abzielt), sondern daß bloß die *Grundsätze* der Auslegung so beschaffen sein müssen; weil alle Grundsätze, sie mögen nun eine historisch- oder grammatisch-kritische Auslegung betreffen, jederzeit, hier aber besonders, weil, was aus Schriftstellen für die *Religion* (die bloß ein Gegenstand der Vernunft sein kann) auszumitteln sei, auch von der Vernunft diktiert werden müssen.

II. Philosophische Grundsätze der Schriftauslegung zur Beilegung des Streits

I. Schriftstellen, welche gewisse *theoretische*, für heilig angekündigte, aber allen (selbst den moralischen) Vernunftbegriff *übersteigende* Lehren enthalten, *dürfen*, diejenigen aber, welche der praktischen Vernunft widersprechende Sätze enthalten, *müssen* zum Vorteil der letzteren ausgelegt werden. – Folgendes enthält hierzu einige Beispiele.

a) Aus der Dreieinigkeitslehre, nach den Buchstaben genommen, läßt sich schlechterdings *nichts fürs Praktische machen,* wenn man sie gleich zu verstehen glaubte, noch weniger aber, wenn man inne wird, daß sie gar alle unsere Begriffe übersteigt. – Ob wir in der Gottheit drei oder zehn Personen zu verehren haben, wird der Lehrling mit gleicher Leichtigkeit aufs Wort annehmen, weil er von einem Gott in mehreren Personen (Hypostasen) gar keinen Begriff hat, noch mehr aber, weil er aus dieser Verschiedenheit für seinen Lebenswandel gar keine verschiedenen Regeln ziehen kann. Dagegen, wenn man in Glaubenssätze einen moralischen Sinn hereinträgt (wie ich es: *Religion innerhalb den Grenzen* etc. [Königsberg 1793] versucht habe), er nicht einen folgeleeren, sondern auf unsere moralische Bestimmung bezogenen verständlichen Glauben enthalten würde. Ebenso ist es mit der Lehre der Menschwerdung einer Person der Gottheit bewandt. Denn wenn dieser Gottmensch nicht als die in Gott von Ewigkeit her liegende Idee der Menschheit in ihrer ganzen ihm wohlgefälligen moralischen Vollkommenheit* (ebendasselbe, S. 73f.), sondern als

---

*Die Schwärmerei des *Postellus*[16] in Venedig über diesen Punkt im 16. Jahrhundert ist von so originaler Art und dient so gut zum Beispiel, in welche Verirrungen, und zwar *mit Vernunft* zu rasen, man geraten kann, wenn man die Versinnlichung einer reinen Vernunftidee in die Vorstellung eines Gegenstandes der Sinne verwandelt. Denn wenn unter jener Idee nicht das Abstraktum der Menschheit, sondern ein Mensch verstanden wird, so muß dieser von irgendeinem Geschlecht sein. Ist dieser von Gott gezeugte männlichen Gedie in einem wirklichen Menschen „leibhaftig wohnende" und als zweite Natur in ihm wirkende Gottheit vorgestellt wird: so ist aus diesem Geheimnisse gar nichts Praktisches für uns zu machen, weil wir doch von uns nicht verlangen können, daß wir es einem Gotte gleich tun sollen, er also insofern kein Beispiel für uns werden kann, ohne noch die Schwierigkeit in Anregung zu bringen, warum, wenn solche Vereinigung einmal möglich ist, die Gottheit nicht alle Menschen derselben hat teilhaftig werden lassen, welche alsdann unausbleiblich ihm alle wohlgefällig geworden wären. – Ein Ähnliches kann von der Auferstehungs- und Himmelfahrtsgeschichte ebendesselben gesagt werden.

Ob wir künftig bloß der Seele nach leben, oder ob dieselbe Materie, daraus unser Körper hier bestand, zur Identität unserer Person in der anderen Welt erforderlich, die Seele also keine besondere Substanz sei, unser Körper selbst müsse auferweckt werden, das kann uns in praktischer Absicht ganz gleichgültig sein; denn wem ist wohl sein Körper so lieb, daß er ihn gern in Ewigkeit mit sich schleppen möchte, wenn er seiner entübrigt sein kann? Des Apostels[17] Schluß also: „Ist Christus nicht auferstanden" (dem Körper nach lebendig geworden), „so werden wir auch nicht auferstehen" (nach dem Tode gar nicht mehr leben), ist nicht bündig. Er mag es aber auch nicht sein (denn dem Argumentieren wird man doch nicht auch eine Inspiration zum Grunde legen), so hat er doch hiermit nur sagen wollen, daß wir Ursache haben zu glauben, Christus lebe noch und unser Glaube sei eitel, wenn selbst ein so vollkommener Mensch nicht nach dem (leiblichen) Tode leben sollte, welcher Glaube, den ihm (wie allen Menschen) die Vernunft eingab, ihn zum historischen Glauben an eine öffentliche Sache bewog, die er treuherzig für wahr annahm und sie zum Beweisgrunde eines moralischen Glaubens des künfti-

schlechts (ein Sohn), hat die Schwachheit der Menschen getragen und ihre Schuld auf sich genommen, so sind die Schwachheiten sowohl als die Übertretungen des anderen Geschlechts doch von denen des männlichen spezifisch unterschieden, und man wird nicht ohne Grund versucht anzunehmen, daß dieses auch seine besondere Stellvertreterin (gleichsam eine göttliche Tochter) als Versöhnerin werde bekommen haben; und diese glaubte Postell in der Person einer frommen Jungfrau in Venedig gefunden zu haben.

gen Lebens brauchte, ohne inne zu werden, daß er selbst dieser Sage ohne den letzteren schwerlich würde Glauben beigemessen haben. Die moralische Absicht wurde hierbei erreicht, wenngleich die Vorstellungsart das Merkmal der Schulbegriffe an sich trug, in denen er war erzogen worden. – Übrigens stehen jener Sache wichtige Einwürfe [entgegen]: die Einsetzung des Abendmahls (einer traurigen Unterhaltung) zum Andenken an ihn sieht einem förmlichen Abschied (nicht bloß aufs baldige Wiedersehen) ähnlich. Die klagenden Worte am Kreuz drücken eine fehlgeschlagene Absicht aus (die Juden noch bei seinem Leben zur wahren Religion zu bringen), da doch eher das Frohsein über eine vollzogene Absicht hätte erwartet werden sollen. Endlich der Ausdruck der Jünger bei dem Lukas[18]: „Wir dachten, er solle Israel erlösen", läßt auch nicht abnehmen, daß sie an ein in drei Tagen erwartetes Wiedersehen vorbereitet waren, noch weniger, daß ihnen von seiner Auferstehung etwas zu Ohren gekommen sei. – Aber warum sollten wir wegen einer Geschichtserzählung, die wir immer an ihren Ort (unter die Adiaphora) gestellt sein lassen sollen, uns in soviel gelehrte Untersuchungen und Streitigkeiten verflechten, wenn es um Religion zu tun ist, zu welcher der Glaube in praktischer Beziehung, den die Vernunft uns einflößt, schon für sich hinreichend ist.

b) In der Auslegung der Schriftstellen, in welchen der Ausdruck unserem Vernunftbegriff von der göttlichen Natur und seinem Willen widerstreitet, haben biblische Theologen sich längst zur Regel gemacht, daß, was menschlicherweise (ἀνθρωποπαθῶς) ausgedrückt ist, nach einem gottwürdigen Sinne (θεοπρεπῶς) müsse *ausgelegt* werden; wodurch sie dann ganz deutlich das Bekenntnis ablegten, die Vernunft sei in Religionssachen die oberste Auslegerin der Schrift. – Daß aber selbst, wenn man dem heiligen Schriftsteller keinen anderen Sinn, den er wirklich mit seinen Ausdrücken verband, unterlegen kann als einen solchen, der mit unserer Vernunft gar in Widerspruche steht, die Vernunft sich doch berechtigt fühle, seine Schriftstelle so auszulegen, wie sie es ihren Grundsätzen gemäß findet, und nicht dem Buchstaben nach auslegen solle, wenn sie jenen nicht gar eines Irrtums beschuldigen will, das scheint ganz und gar wider die obersten Regeln der Interpretation zu verstoßen, und gleichwohl ist es noch immer mit Beifall von den belobtesten Gottesgelehrten geschehen. – So ist es mit St. Paulus' Lehre von der Gnadenwahl gegangen, aus welcher aufs deutlichste erhellt, daß seine Privatmeinung die Prädestination im strengsten Sinne des Worts gewesen sein muß, welche darum auch von einer großen protestantischen Kirche in ihren Glauben aufgenommen worden, in der Folge aber von einem großen Teil derselben wieder verlassen oder, so gut wie man konnte, anders gedeutet worden ist, weil die Vernunft sie mit der Lehre von der Freiheit, der Zurechnung der Handlungen und so mit der ganzen Moral unvereinbar findet. – Auch wo der Schriftglaube in keinen Verstoß gewisser Lehren wider sittliche Grundsätze, sondern nur wider die Vernunftmaxime in Beurteilung physischer Erscheinungen gerät, haben Schriftausleger mit fast allgemeinem Beifall manche biblische Geschichtserzählungen, z. B. von den Besessenen (dämonischen Leuten), ob sie zwar in demselben historischen Tone wie die übrige heilige Geschichte in der Schrift vorgetragen worden und fast nicht zu zweifeln ist, daß ihre Schriftsteller sie buchstäblich für wahr gehalten haben, doch so ausgelegt, daß die Vernunft dabei bestehen könnte, um nicht allem Aberglauben und Betrug freien Eingang zu verschaffen, ohne daß man ihnen diese Befugnis bestritten hat.

II. Der Glaube an Schriftlehren, die eigentlich haben offenbart werden müssen, wenn sie haben gekannt werden sollen, hat an sich kein *Verdienst*, und der Mangel desselben, ja sogar der ihm entgegenstehende Zweifel ist an sich keine *Verschuldung*, sondern alles kommt in der Religion aufs *Tun* an, und diese Endabsicht, mithin auch ein dieser gemäßer Sinn, muß allen biblischen Glaubenslehren untergelegt werden.

Unter Glaubenssätzen versteht man nicht, was geglaubt werden soll (denn das Glauben verstattet keinen Imperativ), sondern das, was in praktischer (moralischer) Absicht anzunehmen möglich und zweckmäßig, obgleich nicht eben erweislich ist, mithin nur geglaubt werden kann. Nehme ich das Glauben ohne diese moralische Rücksicht bloß in der Bedeutung eines theoretischen Fürwahrhaltens z. B. dessen, was sich auf das Zeugnis anderer geschichtmäßig gründet, oder auch, weil ich mir gewisse gegebene Erscheinungen nicht anders als unter dieser oder jener Voraussetzung erklären kann, zu einem Prinzip an, so ist ein solcher Glaube, weil er weder einen besseren Menschen macht noch einen solchen beweiset, gar kein Stück der *Religion*; ward er aber nur als durch Furcht und Hoffnung aufgedrungen in der Seele erkünstelt, so ist er der Aufrichtigkeit, mithin auch der Religion zuwider. – Lauten also Spruchstellen so, als ob sie das Glauben einer Offenbarungslehre nicht allein als an sich verdienstlich ansähen, sondern wohl gar über moralisch-gute Werke erhöben, so müssen sie so ausgelegt werden, als ob nur der moralische, die Seele durch Vernunft bessernde und erhebende Glaube dadurch gemeint sei; gesetzt auch der buchstäbliche Sinn, z. B. „Wer da glaubt und getauft wird, wird selig etc.," lautete dieser Auslegung zuwider. Der Zweifel über jene statutarischen Dogmen und ihre Authentizität kann also eine moralische, wohlgesinnte Seele nicht beunruhigen. – Ebendieselben Sätze können gleichwohl als wesentliche Erfordernisse zum *Vortrag* eines gewissen *Kirchenglaubens* angesehen werden, der aber, weil er nur Vehikel des Religionsglaubens, mithin an sich veränderlich ist und einer allmählichen Reinigung bis zur Kongruenz mit dem letzteren fähig bleiben muß, nicht zum Glaubensartikel selbst gemacht, obzwar doch auch in Kirchen nicht öffentlich angegriffen oder auch mit trockenem Fuß übergangen werden darf, weil er unter der Gewahrsame der Regierung steht, die für öffentliche Eintracht und Frieden Sorge trägt, indessen daß es des Lehrers Sache ist, davor zu warnen, ihm nicht eine für sich bestehende Heiligkeit beizulegen, sondern ohne Verzug zu dem dadurch eingeleiteten Religionsglauben überzugehen.

III. Das Tun muß als aus des Menschen eigenem Gebrauch seiner moralischen Kräfte entspringend und nicht als Wirkung vom Einfluß einer äußeren höheren wirkenden Ursache, in Ansehung deren der Mensch sich leidend verhielte, vorgestellt werden; die Auslegung der Schriftstellen, welche buchstäblich das letztere zu enthalten scheinen, muß also auf die Übereinstimmung mit dem ersteren Grundsatze absichtlich gerichtet werden.

Wenn unter Natur das im Menschen herrschende Prinzip der Beförderung seiner *Glückseligkeit*, unter Gnade aber die in uns liegende unbegreifliche moralische Anlage, d. i. das

Prinzip der *reinen Sittlichkeit* verstanden wird, so sind Natur und Gnade nicht allein voneinander unterschieden, sondern auch oft gegeneinander in Widerstreit. Wird aber unter Natur (in praktischer Bedeutung) das Vermögen, aus eigenen Kräften überhaupt gewisse Zwecke auszurichten, verstanden, so ist Gnade nichts anderes als Natur des Menschen, sofern er durch sein eigenes inneres, aber übersinnliches Prinzip (die Vorstellung seiner Pflicht) zu Handlungen bestimmt wird, welches, weil wir uns es erklären wollen, gleichwohl aber weiter keinen Grund davon wissen, von uns als von der Gottheit in uns gewirkter Antrieb zum Guten, dazu wir die Anlage in uns nicht selbst gegründet haben, mithin als Gnade vorgestellt wird. – Die Sünde nämlich (die Bösartigkeit in der menschlichen Natur) hat das Strafgesetz (gleich als für Knechte) notwendig gemacht, die Gnade aber (d. i. die durch den Glauben an die ursprüngliche Anlage zum Guten in uns und die durch das Beispiel der Gott wohlgefälligen Menschheit an dem Sohne Gottes lebendig werdende Hoffnung der Entwicklung dieses Guten) kann und soll in uns (als Freien) noch mächtiger werden, wenn wir sie nur in uns wirken, d. h. die Gesinnungen eines jenem heiligen Beispiel ähnlichen Lebenswandels tätig werden lassen. – Die Schriftstellen also, die eine bloß passive Ergebung an eine äußere, in uns Heiligkeit wirkende Macht zu enthalten scheinen, müssen so ausgelegt werden, daß daraus erhelle: wir müssen an der Entwicklung jener moralischen Anlage in uns *selbst arbeiten,* ob sie zwar selber eine Göttlichkeit eines Ursprungs beweiset, der höher ist als alle Vernunft (in der theoretischen Nachforschung der Ursache), und daher sie besitzen nicht Verdienst, sondern Gnade ist.

IV. Wo das eigene Tun zur Rechtfertigung des Menschen vor seinem eigenen (strenge richtenden) Gewissen nicht zulangt, da ist die Vernunft befugt, allenfalls eine übernatürliche Ergänzung seiner mangelhaften Gerechtigkeit (auch ohne daß sie bestimmen darf, worin sie bestehe) gläubig anzunehmen.

Diese Befugnis ist für sich selbst klar; denn was der Mensch nach seiner Bestimmung sein soll (nämlich dem heiligen Gesetz angemessen), das muß er auch werden können, und ist es nicht durch eigene Kräfte natürlicherweise möglich, so darf er hoffen, daß es durch äußere göttliche Mitwirkung (auf welche Art es auch sei) geschehen werde. – Man kann noch hinzusetzen, daß der Glaube an diese Ergänzung seligmachend sei, weil er dadurch allein zum gottwohlgefälligen Lebenswandel (als der einzigen Bedingung der Hoffnung der Seligkeit) Mut und feste Gesinnung fassen kann, daß er am Gelingen seiner Endabsicht (Gott wohlgefällig zu werden) nicht verzweifelt. – Daß er aber wissen und bestimmt müsse angeben können, *worin* das Mittel dieses Ersatzes (welches am Ende doch überschwenglich und bei allem, was uns Gott darüber selbst sagen möchte, für uns unbegreiflich ist) bestehe, das ist eben nicht notwendig, ja, auf diese Kenntnis auch nur Anspruch zu machen, Vermessenheit. – Die Schriftstellen also, die eine solche spezifische Offenbarung zu enthalten scheinen, müssen so ausgelegt werden, daß sie nur das Vehikel jenes moralischen Glaubens für ein Volk nach dessen bisher bei ihm im Schwang gewesenen Glaubenslehren betreffen, und nicht Religionsglauben (für alle Menschen), mithin bloß den Kirchenglauben (z. B. für Judenchristen) angehen, welcher historischer Beweise bedarf, deren nicht jedermann teilhaftig werden kann; statt dessen Religion (als auf moralische Begriffe gegründet) für sich vollständig und zweifelsfrei sein muß.

Aber selbst wider die Idee einer philosophischen Schriftauslegung höre ich die vereinigte Stimme der biblischen Theologen sich erheben; sie hat, sagt man, erstlich eine naturalistische Religion und nicht Christentum zur Absicht. *Antwort:* Das Christentum ist die Idee von der Religion, die überhaupt auf Vernunft gegründet und sofern natürlich sein muß. Es enthält aber ein Mittel der Einführung derselben unter Menschen, die Bibel; deren Ursprung für übernatürlich gehalten wird, die (ihr Ursprung mag sein, welcher er wolle), sofern sie den moralischen Vorschriften der Vernunft in Ansehung ihrer öffentlichen Ausbreitung und inniglicher Belebung beförderlich ist, als Vehikel zur Religion gezählt werden kann und als ein solches auch für übernatürliche Offenbarung angenommen werden mag. Nun kann man eine Religion nur *naturalistisch* nennen, wenn sie es zum Grundsatze macht, keine solche Offenbarung einzuräumen. Also ist das Christentum darum nicht eine naturalistische Religion, obgleich es bloß eine natürliche ist, weil es nicht in Abrede ist, daß die Bibel nicht ein übernatürliches Mittel der Introduktion der letzteren und der Stiftung einer sie öffentlich lehrenden und bekennenden Kirche sein möge, sondern nur auf diesen Ursprung, wenn es auf Religionslehre ankommt, nicht Rücksicht nimmt.

III. Einwürfe und Beantwortung derselben, die Grundsätze der Schriftauslegung betreffend

Wider diese Auslegungsregeln höre ich ausrufen: *Erstlich:* Das sind ja insgesamt Urteile der philosophischen Fakultät, welche sich also in das Geschäft der biblischen Theologen Eingriffe erlaubt. – *Antwort:* Zum Kirchenglauben wird historische Gelehrsamkeit, zum Religionsglauben bloß Vernunft erfordert. Jenen als Vehikel des letzteren auszulegen, ist freilich eine Forderung der Vernunft; aber wo ist eine solche rechtmäßiger, als wo etwas nur als Mittel zu etwas anderem als Endzweck (dergleichen die Religion ist) einen Wert hat, und gibt es überallwo ein höheres Prinzip der Entscheidung, wenn über Wahrheit gestritten wird, als die Vernunft? Es tut auch der theologischen Fakultät keineswegs Abbruch, wenn die philosophische sich der Statuten derselben bedient, ihre eigene Lehre durch Einstimmung mit derselben zu bestärken; man sollte vielmehr denken, daß jener dadurch eine Ehre widerfahre. Soll aber doch, was die Schriftauslegung betrifft, durchaus Streit zwischen beiden sein, so weiß ich keinen anderen Vergleich als diesen: *Wenn der biblische Theolog aufhören wird, sich der Vernunft zu seinem Behuf zu bedienen, so wird der philosophische auch aufhören, zu Bestätigung seiner Sätze die Bibel zu gebrauchen.* Ich zweifle aber sehr, daß der erstere sich auf diesen Vertrag einlassen dürfte. – *Zweitens:* Jene Auslegungen sind allegorisch-mystisch, mithin weder biblisch noch philosophisch. *Antwort:* Es ist gerade das Gegenteil, nämlich daß, wenn der biblische Theolog die Hülle der Religion für die Religion selbst nimmt, er z. B. das ganze Alte Testament für eine fortgehende *Allegorie* (von Vorbildern und symbolischen Vorstellungen) des noch kommenden Religionszustandes erklären muß, wenn er nicht annehmen will, das wäre damals schon wahre Religion gewesen (die doch nicht noch wahrer als wahr sein kann), wodurch dann das Neue entbehrlich gemacht würde. Was aber die vorgebliche Mystik der Vernunftauslegungen betrifft, wenn die Philosophie in Schriftstellen einen moralischen Sinn aufspäht, ja gar ihn dem Texte aufdringt, so ist diese gerade das einzige Mittel, die Mystik (z. B. eines Swedenborgs) abzuhalten. Denn die Phantasie verläuft sich bei Religionsdingen unvermeidlich ins Überschwengliche, wenn sie das Übersinnliche (was in allem, was Religion heißt, gedacht werden muß) nicht an bestimmte Begriffe der Vernunft, dergleichen die moralischen sind, knüpft und führt zu einem Illuminatismus innerer Offenbarungen, deren ein jeder alsdann seine eigene hat und kein öffentlicher Probierstein der Wahrheit mehr stattfindet.

Es gibt aber noch Einwürfe, die die Vernunft sich selbst gegen die Vernunftauslegung der Bibel macht, die wir nach der Reihe oben angeführter Auslegungsregeln kürzlich bemerken und zu heben suchen wollen. a) *Einwurf:* Als Offenbarung muß die Bibel aus sich selbst und nicht durch die Vernunft gedeutet werden; denn der Erkenntnisquell selbst liegt anderswo als in der Vernunft. *Antwort:* Eben darum, weil jenes Buch als göttliche Offenbarung angenommen wird, muß sie nicht bloß nach Grundsätzen der Geschichtslehren (mit sich selbst zusammenzustimmen) theoretisch, sondern nach Vernunftbegriffen praktisch ausgelegt werden; denn daß eine Offenbarung göttlich sei, kann nie durch Kennzeichen, welche die Erfahrung an die Hand gibt, eingesehen werden. Ihr Charakter (wenigstens als conditio sine qua non) ist immer die Übereinstimmung mit dem, was die Vernunft für Gott anständig erklärt. – b) *Einwurf:* Vor allem Praktischen muß doch immer eine Theorie vorhergehen, und da diese Offenbarungslehre vielleicht Absichten des Willens Gottes, die wir nicht durchdringen können, für uns aber verbindend sein dürften, sie zu befördern, enthalten könnten, so scheint das Glauben an dergleichen theoretische Sätze für sich selbst eine Verbindlichkeit, mithin das Bezweifeln derselben eine Schuld zu enthalten. *Antwort:* Man kann dieses einräumen, wenn vom Kirchenglauben die Rede ist, bei dem es auf keine andere Praxis als die der angeordneten Gebräuche angesehen ist, wo die, so sich zu einer Kirche zu bekennen, zum Fürwahrnehmen nichts mehr als, daß die Lehre nicht unmöglich sei, bedürfen; dagegen zum Religionsglauben *Überzeugung* von der Wahrheit erforderlich ist, welche aber durch Statute (daß sie göttliche Sprüche sind) nicht beurkundigt werden kann, weil, daß sie es sind, nur immer wiederum durch Geschichte bewiesen werden müßte, die *sich selbst* für göttliche Offenbarung auszugeben nicht befugt ist. Daher bei diesem, der gänzlich auf Moralität des Lebenswandels, aufs Tun gerichtet ist, das Fürwahrhalten historischer, obschon biblischer Lehren an sich keinen moralischen Wert oder Unwert hat und unter die Adiaphora gehört. – c) *Einwurf:* Wie kann man einem Geistlichtoten das „Stehe auf und wandle" zurufen, wenn diesen Zuruf nicht zugleich eine übernatürliche Macht begleitet, die Leben in ihn hineinbringt? *Antwort:* Der Zuruf geschieht an den Menschen durch seine eigene Vernunft, sofern sie das übersinnliche Prinzip des moralischen Lebens in sich selbst hat. Durch dieses kann der Mensch zwar vielleicht nicht sofort zum Leben und um von selbst aufzustehen, aber doch sich zu regen und zur Bestrebung eines guten Lebenswandels erweckt werden (wie einer, bei dem die Kräfte nur schlafen, aber darum nicht erloschen sind), und das ist schon ein Tun, welches keines äußeren Einflusses bedarf und, fortgesetzt, den beabsichtigten Wandel bewirken kann. – d) *Einwurf:* Der Glaube an eine uns unbekannte Ergänzungsart des Mangels unserer eigenen Gerechtigkeit, mithin als Wohltat eines anderen, ist eine umsonst angenommene Ursache (petitio principii) zur Befriedigung des [von] uns gefühlten Bedürfnisses. Denn was wir von der Gnade eines Oberen erwarten, davon können wir nicht, als ob es sich von selbst verstände, annehmen, daß es uns zuteil werden müsse, sondern nur, wenn es uns wirklich versprochen worden, und daher nur durch Akzeptation eines uns geschehenen bestimmten Versprechens, wie durch einen förmlichen Vertrag. Also können wir, wie es scheint, jene Ergänzung nur, sofern sie durch göttliche *Offenbarung* wirklich zugesagt worden, und nicht auf gut Glück hin hoffen und voraussetzen. *Antwort:* Eine unmittelbare göttliche Offenbarung in dem tröstenden Ausspruch: „Dir sind deine Sünden vergeben", wäre eine übersinnliche Erfahrung, welche unmöglich ist. Aber diese ist auch in Ansehung dessen, was (wie die Religion) auf moralischen Vernunftgründen beruht und dadurch a priori, wenigstens in praktischer Absicht gewiß ist, nicht nötig. Von einem heiligen und gütigen Gesetzgeber kann man sich die Dekrete in Ansehung gebrechlicher, aber alles, was sie für Pflicht erkennen, nach ihrem ganzen Vermögen zu befolgen strebender Geschöpfe nicht anders denken, und selbst der Vernunftglaube und das Vertrauen auf eine solche Ergänzung, ohne daß eine bestimmte empirisch erteilte Zusage dazu kommen darf, beweist mehr die echte moralische Gesinnung und hiermit die Empfänglichkeit für jene gehoffte Gnadenbezeigung, als es ein empirischer Glaube tun kann.

Auf solche Weise müssen alle Schriftauslegungen, *sofern sie die Religion betreffen,* nach dem Prinzip der in der Offenbarung abgezweckten Sittlichkeit gemacht werden und sind ohne das entweder praktisch leer oder gar Hindernisse des Guten. – Auch sind sie alsdann nur eigentlich *authentisch,* d. i. der Gott in uns ist selbst der Ausleger, weil wir niemand verstehen als den, der durch unseren eigenen Verstand und unsere eigene Vernunft mit uns redet, die Göttlichkeit einer an uns ergangenen Lehre also durch nichts als durch Begriffe *unserer* Vernunft, sofern sie rein-moralisch und hiermit untrüglich sind, erkannt werden kann.

Allgemeine Anmerkung
Von Religionssekten

In dem, was eigentlich Religion genannt zu werden verdient, kann es keine Sektenverschiedenheit geben (denn sie ist einig, allgemein und notwendig, mithin unveränderlich); wohl aber in dem, was den Kirchenglauben betrifft, er mag nun bloß auf die Bibel oder auch auf Tradition gegründet sein, sofern der Glaube an das, was bloß Vehikel der Religion ist, für Artikel derselben gehalten wird.
Es wäre herkulische und dabei undankbare Arbeit, nur bloß die Sekten des *Christentums,* wenn man unter ihm den *messianischen* Glauben versteht, alle aufzuzählen; denn da ist jenes bloß eine Sekte* des letzteren, so daß es dem *Judentum* in

*Es ist eine Sonderbarkeit des deutschen Sprachgebrauchs (oder

engerer Bedeutung (in dem letzten Zeitpunkt seiner ungeteilten Herrschaft über das Volk) entgegengesetzt wird, wo die Frage ist: „Bist du es, der da kommen soll, oder sollen wir eines anderen warten?", wofür es auch anfänglich die Römer nahmen. In dieser Bedeutung aber würde das Christentum ein gewisser, auf Satzungen und Schrift gegründeter Volksglaube sein, von dem man nicht wissen könnte, ob er gerade für alle Menschen gültig oder der letzte Offenbarungsglaube sein dürfte, bei dem es forthin bleiben müßte, oder ob nicht künftig andere göttliche Statuten, die dem Zweck noch näher treten, zu erwarten wären.

Um also ein bestimmtes Schema der Einteilung einer Glaubenslehre in Sekten zu haben, können wir nicht von empirischen Datis, sondern wir müssen von Verschiedenheiten anfangen, die sich a priori durch die Vernunft denken lassen, um in der Stufenreihe der Unterschiede der Denkungsart in Glaubenssachen die Stufe auszumachen, in der die Verschiedenheit zuerst einen Sektenunterschied begründen würde.

In Glaubenssachen ist das Prinzip der Einteilung nach der *angenommenen* Denkungsart entweder *Religion* oder *Superstition* (oder *Heidentum*), die einander wie A und non A entgegen sind. Die Bekenner der ersteren werden gewöhnlich *Gläubige*, die des zweiten *Ungläubige* genannt. Religion ist derjenige Glaube, der das *Wesentliche* aller Verehrung Gottes in die Moralität des Menschen setzt, Heidentum, der es nicht darein setzt: entweder, weil es ihm gar an dem Begriffe eines übernatürlichen und moralischen Wesens mangelt (ethnicismus brutus), oder weil er etwas anderes als die Gesinnung eines sittlich wohlgeführten Lebenswandels, also das Nichtwesentliche der Religion zum Religionsstück macht (ethnicismus speciosus).

Mißbrauchs), daß sich die Anhänger unserer Religion Christen *nennen*; gleich als ob es mehr als einen Christus gäbe und jeder Gläubige ein Christus wäre. Sie müßten sich *Christianer* nennen. – Aber dieser Name würde sofort wie ein Sektenname angesehen werden, von Leuten, denen man (wie im Peregrinus Proteus[19] geschieht) viel Übles nachsagen kann; welches in Ansehung des Christen nicht stattfindet. – So verlangte ein Rezensent in der Hallischen Gel. Zeitung, daß der Name Jehovah durch *Jahwoh* ausgesprochen werden sollte. Aber diese Veränderung würde eine bloße Nationalgottheit, nicht den Herrn der Welt zu bezeichnen scheinen.

Glaubenssätze, welche zugleich als göttliche Gebote gedacht werden sollen, sind nun entweder bloß *statutarisch*, mithin für uns zufällig und Offenbarungslehren, oder *moralisch,* mithin mit dem Bewußtsein ihrer Notwendigkeit verbunden und a priori erkennbar, d. i. Vernunftlehren des Glaubens. Der Inbegriff der ersteren Lehren macht den *Kirchen-*, der anderen aber den reinen *Religionsglauben* aus.*
Allgemeinheit für einen Kirchenglauben zu fordern (catholicismus hierarchicus), ist ein Widerspruch, weil unbedingte Allgemeinheit Notwendigkeit voraussetzt, die nur da stattfindet, wo die Vernunft selbst die Glaubenssätze hinreichend begründet, mithin diese nicht bloß Statute sind. Dagegen hat der reine Religionsglaube rechtmäßigen Anspruch auf Allgemeingültigkeit (catholicismus rationalis). Die Sektiererei in Glaubenssachen wird also bei dem letzteren nie stattfinden, und wo sie angetroffen wird, da entspringt sie immer aus einem Fehler des Kirchenglaubens: seine Statute (selbst göttliche Offenbarungen) für wesentliche Stücke der Religion zu halten, mithin den Empirismus in Glaubenssachen dem Rationalismus unterzuschieben und so das bloß Zufällige für an sich notwendig auszugeben. Da nun in zufälligen Lehren es vielerlei einander widerstreitende, teils Satzungen teils Auslegung von Satzungen geben kann, so ist leicht einzusehen, daß der bloße Kirchenglaube, ohne durch den reinen Religionsglauben geläutert zu sein, eine reiche Quelle unendlich vieler Sekten in Glaubenssachen sein werde.

Um diese Läuterung, worin sie bestehe, bestimmt anzugeben, scheint mir der zum Gebrauch schicklichste Probierstein der Satz zu sein: ein jeder Kirchenglaube, sofern er bloß statutarische Glaubenslehren für wesentliche Religionslehren ausgibt, hat eine gewisse *Beimischung von Heidentum:* denn dieses besteht darin, das Äußerliche (Außerwesentliche) der Religion für wesentlich auszugeben. Diese Beimischung kann gradweise so weit gehen, daß die ganze Religion darüber in einen bloßen Kirchenglauben, Gebräuche für Gesetze auszugeben, übergeht und alsdann bares

---

*Diese Einteilung, welche ich nicht für präzis und dem gewöhnlichen Redegebrauch angemessen ausgebe, mag einstweilen hier gelten.

Heidentum wird,* wider welchen Schimpfnamen es nichts verschlägt zu sagen, daß jene Lehren doch göttliche Offenbarungen seien; denn nicht jene statutarischen Lehren und Kirchenpflichten selbst, sondern der unbedingte ihnen beigelegte Wert (nicht etwa bloß Vehikel, sondern selbst Religionsstücke zu sein, ob sie zwar keinen inneren moralischen Gehalt bei sich führen, also nicht die Materie der Offenbarung, sondern die Form ihrer Aufnahme in seine praktische Gesinnung) ist das, was auf eine solche Glaubensweise den Namen des Heidentums mit Recht fallen läßt. Die kirchliche Autorität, nach einem solchen Glauben seligzusprechen oder zu verdammen, würde das Pfaffentum genannt werden, von welchem Ehrennamen sich so nennende Protestanten nicht auszuschließen sind, wenn sie das Wesentliche ihrer Glaubenslehre in Glauben an Sätze und Observanzen, von denen ihnen die Vernunft nichts sagt und welche zu bekennen und zu beobachten der schlechteste und nichtswürdigste Mensch in ebendemselben Grade tauglich ist als der beste, zu setzen bedacht sind: sie mögen auch einen noch so großen Nachtrab von Tugenden, als die aus der wundervollen Kraft der ersteren entsprängen (mithin ihre eigene Wurzel nicht haben), anhängen, als sie immer wollen.

Von dem Punkte also, wo der Kirchenglaube anfängt, für sich selbst mit Autorität zu sprechen, ohne auf seine Rektifikation durch den reinen *Religionsglauben* zu achten, hebt auch die Sektiererei an; denn da dieser (als praktischer Vernunftglaube) seinen Einfluß auf die menschliche Seele nicht verlieren kann, der mit dem Bewußtsein der Freiheit verbunden ist, indessen daß der Kirchenglaube über die Gewissen Gewalt ausübt, so sucht ein jeder etwas für seine eigene Meinung in den Kirchenglauben hinein- oder aus ihm herauszubringen.

Heidentum (paganismus) ist der Worterklärung nach der religiöse Aberglaube des Volkes in Wäldern (Heiden), d. i. einer Menge, deren Religionsglaube noch ohne alle kirchliche Verfassung, mithin ohne öffentliches Gesetz ist. Juden aber, Mohammedaner und Indier halten das für kein Gesetz; was nicht das ihrige ist, und benennen andere Völker, die nicht ebendieselben kirchlichen Observanzen haben, mit dem Titel der Verwerfung (Goj. Dschaur usw.), nämlich der Ungläubigen.

Diese Gewalt veranlaßt entweder bloße Absonderung von der Kirche (Separatismus), d. i. Enthaltung von der öffentlichen Gemeinschaft mit ihr; oder öffentliche Spaltung der in Ansehung der kirchlichen Form Andersdenkenden, ob sie zwar der Materie nach sich zu ebenderselben bekennen (Schismatiker); oder Zusammentretung der Dissidenten in Ansehung gewisser Glaubenslehren in besondere, nicht immer geheime, aber doch vom Staat nicht sanktionierte Gesellschaften (Sektierer), deren einige noch besondere, nicht fürs große Publikum gehörende, geheime Lehren aus ebendemselben Schatz herholen (gleichsam Klubbisten der Frömmigkeit); endlich auch falsche Friedensstifter, die durch die Zusammenschmelzung verschiedener Glaubensarten allen genug zu tun meinen (Synkretisten), die dann noch schlimmer sind als Sektierer, weil Gleichgültigkeit in Ansehung der Religion überhaupt zum Grunde liegt, und weil einmal doch ein Kirchenglaube im Volk sein müsse, [und] einer so gut wie der andere sei, wenn er sich nur durch die Regierung zu ihren Zwecken gut handhaben läßt: ein Grundsatz, der im Munde des Regenten als eines solchen zwar ganz richtig, auch sogar weise ist, im Urteile des Untertanen selbst aber, der diese Sache aus seinem eigenen, und zwar moralischen Interesse zu erwägen hat, die äußerste Geringschätzung der Religion verraten würde; indem, wie selbst das Vehikel der Religion beschaffen sei, was jemand in seinen Kirchenglauben aufnimmt, für die Religion keine gleichgültige Sache ist.

In Ansehung der Sektiererei (welche auch wohl ihr Haupt bis zur Vermannigfaltigung der Kirchen erhebt, wie es bei den Protestanten geschehen ist) pflegt man zwar zu sagen: Es ist gut, daß es vielerlei Religionen (eigentlich kirchliche Glaubensarten) in einem Staate gibt; und sofern ist dieses auch richtig, als es ein gutes Zeichen ist: nämlich daß Glaubensfreiheit dem Volke gelassen worden; aber das ist eigentlich nur ein Lob für die Regierung. An sich aber ist ein solcher öffentlicher Religionszustand doch nicht gut, dessen Prinzip so beschaffen ist, daß es nicht, wie es doch der Begriff einer Religion erfordert, Allgemeinheit und Einheit der wesentlichen Glaubensmaximen bei sich führt und den Streit, der von dem Außerwesentlichen herrührt, nicht von jenem unterscheidet. Der Unterschied der Meinungen in

Ansehung der größeren oder minderen Schicklichkeit oder Unschicklichkeit des Vehikels der Religion zu dieser als Endabsicht selbst (nämlich die Menschen moralisch zu bessern), mag also allenfalls Verschiedenheit der Kirchensekten, darf aber darum nicht Verschiedenheit der Religionssekten bewirken, welche der Einheit und Allgemeinheit der Religion (also der unsichtbaren Kirche) gerade zuwider ist. Aufgeklärte Katholiken und Protestanten werden also einander als Glaubensbrüder ansehen können, ohne sich doch zu vermengen, beide in der Erwartung (und Bearbeitung zu diesem Zweck): daß die Zeit unter Begünstigung der Regierung nach und nach die Förmlichkeiten des Glaubens (der freilich alsdann nicht ein Glaube sein muß, Gott sich durch etwas anderes als durch reine moralische Gesinnung günstig zu machen oder zu versöhnen), der Würde ihres Zwecks, nämlich der Religion selbst, näherbringen werde. – Selbst in Ansehung der Juden ist dieses, ohne die Träumerei einer allgemeinen Judenbekehrung* (zum Christentum als einem *messianischen* Glauben), möglich, wenn unter ihnen, wie jetzt geschieht, geläuterte Religionsbegriffe erwachen und das Kleid des nunmehr zu nichts dienenden, vielmehr alle wahre Religionsgesinnung verdrängenden alten Kultus abwerfen. Da sie nun so lange *das Kleid ohne Mann* (Kirche ohne Religion) gehabt haben, gleichwohl aber der *Mann ohne Kleid* (Religion ohne Kirche) auch nicht gut verwahrt ist, sie also gewisse Förmlichkeiten einer Kirche, die dem Endzweck in ihrer jetzigen Lage am angemessensten wäre, bedürfen: so kann man den Gedanken eines sehr gu-

*Moses Mendelssohn wies dieses Ansinnen auf eine Art ab, die seiner *Klugheit* Ehre macht (durch eine argumentatio ad hominem). Solange (sagt er[20]), als nicht Gott vom Berge Sinai ebenso feierlich unser Gesetz aufhebt, als er es (unter Donner und Blitz) gegeben, d. i. bis zum Nimmertag, sind wir daran gebunden; womit er wahrscheinlicherweise sagen wollte: Christen, schafft ihr erst das Judentum aus *euerem* eigenen Glauben weg, so werden wir auch das unsrige verlassen; – daß er aber seinen eigenen Glaubensgenossen durch diese harte Forderung die Hoffnung zur mindesten Erleichterung der sie drückenden Lasten abschnitt, ob er zwar wahrscheinlich die wenigsten derselben für wesentlich seinem Glauben angehörig hielt, ob das seinem guten *Willen* Ehre mache, mögen diese selbst entscheiden.

ten Kopfes dieser Nation, Bendavids[21], der Religion *Jesu* (vermutlich mit ihrem Vehikel, dem *Evangelium*) öffentlich anzunehmen, nicht allein für sehr glücklich, sondern auch für den einzigen Vorschlag halten, dessen Ausführung dieses Volk, auch ohne sich mit anderen in Glaubenssachen zu vermischen, bald als ein gelehrtes, wohlgesittetes und aller Rechte des bürgerlichen Zustandes fähiges Volk, dessen Glaube auch von der Regierung sanktioniert werden könnte, bemerklich machen würde, wobei freilich ihm die Schriftauslegung (der Thora und des Evangeliums) freigelassen werden müßte, um die Art, wie Jesus als Jude zu Juden, von der Art, wie er als moralischer Lehrer zu Menschen überhaupt redete, zu unterscheiden. – Die Euthanasie des Judentums ist die reine moralische Religion mit Verlassung aller alten Satzungslehren, deren einige doch im Christentum (als messianischen Glauben) noch zurückbehalten bleiben müssen; welcher Sektenunterschied endlich doch auch verschwinden muß und so das, was man als den Beschluß des großen Dramas des Religionswechsels auf Erden nennt (die Wiederbringung aller Dinge), wenigstens im Geiste herbeiführt, da nur ein Hirt und eine Herde stattfindet.

Wenn aber gefragt wird: nicht bloß, was Christentum sei, sondern wie es der Lehrer desselben anzufangen habe, damit ein solches in den Herzen der Menschen wirklich angetroffen werde (welches mit der Aufgabe einerlei ist: was ist zu tun, damit der Religionsglaube bessere Menschen mache?), so ist der Zweck zwar einerlei und kann keinen Sektenunterschied veranlassen, aber die Wahl des Mittels zu demselben kann diesen doch herbeiführen, weil zu einer und derselben Wirkung sich mehr wie *eine* Ursache denken läßt, und sofern also Verschiedenheit und Streit der Meinungen, ob das eine oder das andere demselben angemessen und göttlich sei, mithin eine Trennung in Prinzipien bewirken kann, die selbst das Wesentliche (in subjektiver Bedeutung) der Religion überhaupt angehen.
Da die Mittel zu diesem Zwecke nicht empirisch sein können – weil diese allenfalls wohl auf die Tat, aber nicht auf die Gesinnung hinwirken –, so muß für den, der alles *Übersinnliche* zugleich für *übernatürlich* hält, die obige Aufgabe

sich in die Frage verwandeln: Wie ist die Wiedergeburt (als die Folge der Bekehrung, wodurch jemand ein anderer, neuer Mensch wird) durch göttlichen unmittelbaren Einfluß möglich, und was hat der Mensch zu tun, um diesen herbeizuziehen? Ich behaupte, daß, ohne die Geschichte zu Rate zu ziehen (als welche zwar Meinungen, aber nicht die Notwendigkeit derselben vorstellig machen kann), man a priori einen unausbleiblichen Sektenunterschied, den bloß diese Aufgabe bei denen bewirkt, welchen es eine Kleinigkeit ist, zu einer natürlichen Wirkung übernatürliche Ursachen herbeizurufen, vorhersagen kann, ja daß diese Spaltung auch die einzige sei, welche zur Benennung zweier verschiedener Religionssekten berechtigt; denn die anderen, welche man fälschlich so benennt, sind nur Kirchensekten und geben das Innere der Religion nicht an. – Ein jedes Problem aber besteht erstlich aus der *Quästion* der Aufgabe, zweitens der *Auflösung* und drittens dem *Beweis*, daß das Verlangte durch die letztere geleistet werde. Also: 1) die Aufgabe (die der wackere *Spener* mit Eifer allen Lehrern der Kirche zurief) ist: der Religionsvortrag muß zum Zweck haben, aus uns *andere,* nicht bloß bessere Menschen (gleich als ob wir so schon gute, aber nur dem Grade nach vernachlässigte wären) zu machen. Dieser Satz ward den *Orthodoxisten* (ein nicht übel ausgedachter Name) in den Weg geworfen, welche in den Glauben an die reine Offenbarungslehre und die von der Kirche vorgeschriebenen Observanzen (das Beten, das Kirchengehen und die Sakramente) neben dem ehrbaren (zwar mit Übertretungen untermengten, durch jene aber immer wiedergutzumachenden) Lebenswandel die Art setzten, Gott wohlgefällig zu werden. – Die Aufgabe ist also ganz in der Vernunft gegründet.
2) Die Auflösung aber ist völlig *mystisch* ausgefallen; so, wie man es vom Supernaturalismus in Prinzipien der Religion erwarten konnte, der, weil der Mensch von Natur in Sünden tot sei, keine Besserung aus eigenen Kräften hoffen lasse, selbst nicht aus der ursprünglichen unverfälschbaren moralischen Anlage in einer Natur, die, ob sie gleich *übersinnlich* ist, dennoch Fleisch genannt wird, darum weil ihre Wirkung nicht zugleich *übernatürlich* ist, als in welchem Falle die unmittelbare Ursache derselben allein der Geist

(Gottes) sein würde. – Die mystische Auflösung jener Aufgabe teilt nun die Gläubigen in zwei Sekten des *Gefühls* übernatürlicher Einflüsse: die eine, wo das Gefühl als von *herzzermalmender* (zerknirschender), die andere, wo es von *herzzerschmelzender* (in die selige Gemeinschaft mit Gott sich auflösender) Art sein müsse, so daß die Auflösung des Problems (aus bösen Menschen gute zu machen) von zwei entgegengesetzten Standpunkten ausgeht („wo das Wollen zwar gut ist, aber das Vollbringen mangelt"). In der einen Sekte kommt es nämlich nur darauf an, um von der Herrschaft des Bösen in sich *loszukommen*, worauf dann das gute Prinzip sich von selbst einfinden würde; in der anderen, das gute Prinzip in seine Gesinnung aufzunehmen, worauf vermittelst eines übernatürlichen Einflusses das Böse für sich keinen Platz mehr finden und das Gute allein herrschend sein würde.

Die Idee von einer moralischen, aber nur durch übernatürlichen Einfluß möglichen Metamorphose des Menschen mag zwar schon längst in den Köpfen der Gläubigen *rumort* haben; sie ist aber in neueren Zeiten allererst recht zur Sprache gekommen und hat den *Spener-Franckischen* und *Mährisch-Zinzendorfschen* Sektenunterschied (den Pietismus und Moravianismus) in der Bekehrungslehre hervorgebracht.

Nach der *ersteren* Hypothese geschieht die Scheidung des Guten vom Bösen (womit die menschliche Natur amalgamiert ist) durch eine übernatürliche Operation, die Zerknirschung und Zermalmung des Herzens in der *Buße*, als einem nahe an Verzweiflung grenzenden, aber doch auch nur durch den Einfluß eines himmlischen Geistes in seinem nötigen Grade erreichbaren Gram (moeror animi), um welchen der Mensch selbst bitten müsse, indem er sich selbst darüber grämt, daß er sich nicht genug grämen (mithin das Leidsein ihm doch nicht so ganz von Herzen gehen) kann. Diese „Höllenfahrt der Selbsterkenntnis bahnt nun", wie der sel. Hamann sagt, „den Weg zur Vergötterung". Nämlich, nachdem diese Glut der Buße ihre größte Höhe erreicht hat, geschehe der *Durchbruch*, und der Regulus[22] des *Wiedergeborenen* glänze unter den Schlacken, die ihn zwar umgeben, aber nicht verunreinigen, tüchtig zu dem Gott wohlgefälligen Gebrauch in einem guten Lebenswandel. – Diese radikale Veränderung fängt also mit einem *Wunder* an und endigt mit dem, was man sonst als natürlich anzusehen pflegt, weil es die *Vernunft* vorschreibt, nämlich mit dem moralisch-guten Lebenswandel. Weil man aber, selbst beim höchsten Fluge einer mystisch-gestimmten Einbildungskraft, den Menschen doch nicht von allem Selbsttun lossprechen kann, ohne ihn gänzlich zur Maschine zu machen, so ist das anhaltende inbrünstige *Gebet* das, was ihm noch zu tun obliegt (wofern man es überhaupt für ein Tun will gelten lassen) und wovon er sich jene übernatürliche Wirkung allein versprechen kann; wobei doch auch der Skrupel eintritt: daß, da das Gebet, wie es heißt, nur sofern erhörlich ist, als es im Glauben geschieht, dieser selbst aber eine Gnadenwirkung ist, d. i. etwas, wozu der Mensch aus eigenen Kräften nicht gelangen kann, er mit seinen Gnadenmitteln im Zirkel geführt wird und am Ende eigentlich nicht weiß, wie er das Ding angreifen solle.

Nach der *zweiten* Sekte Meinung geschieht der erste Schritt, den der sich seiner sündigen Beschaffenheit bewußt werdende Mensch zum Besseren tut, ganz natürlich durch die *Vernunft*, die, indem sie ihm im moralischen Gesetz den Spiegel vorhält, worin er seine Verwerflichkeit erblickt, die moralische Anlage zum Guten benutzt, um ihn zur Entschließung zu bringen, es fortmehro zu seiner Maxime zu machen; aber die Ausführung dieses Vorsatzes ist ein *Wunder*. Er wendet sich nämlich von der Fahne des bösen Geistes ab und begibt sich unter die des guten, welches eine leichte Sache ist. Aber nun bei dieser zu beharren, nicht wieder ins Böse zurückzufallen, vielmehr im Guten immer mehr fortzuschreiten, das ist die Sache, wozu er natürlicherweise unvermögend sei, vielmehr nichts Geringeres als [das] Gefühl einer übernatürlichen Gemeinschaft, und sogar das Bewußtsein eines kontinuierlichen Umganges mit einem himmlischen Geiste erfordert werde; wobei es zwischen ihm und dem letzteren zwar auf einer Seite nicht an Verweisen, auf der anderen nicht an Abbitten fehlen kann; doch ohne daß eine Entzweiung oder Rückfall (aus der Gnade) zu besorgen ist, wenn er nur darauf Bedacht nimmt, diesen Umgang, der selbst ein kontinuierliches Gebet ist, ununterbrochen zu kultivieren.

Hier ist nun eine zwiefache mystische Gefühlstheorie zum Schlüssel der Aufgabe: ein neuer Mensch zu werden, vorgelegt; wo es nicht um *das Objekt* und den Zweck aller Religion (den Gott gefälligen Lebenswandel, denn darüber stimmen beide Teile überein), sondern um die *subjektiven* Bedingungen zu tun ist, unter denen wir allein Kraft dazu bekommen, jene Theorie in uns zur Ausführung zu bringen; wobei dann von Tugend (die ein leerer Name sei) nicht die Rede sein kann, sondern nur von der *Gnade*, weil beide Parteien darüber einig sind, daß es hiermit nicht natürlich zugehen könne, sich aber wieder darin voneinander trennen, daß der eine Teil den *fürchterlichen* Kampf mit dem bösen Geiste, um von dessen Gewalt loszukommen, bestehen muß, der andere aber dieses gar nicht nötig, ja als Werkheiligkeit verwerflich findet, sondern geradezu mit dem guten Geiste Allianz schließt, weil die vorige mit dem bösen (als pactum turpe) gar keinen Einspruch dagegen verursachen kann; da dann die Wiedergeburt, als einmal für allemal vorgehende übernatürliche und radikale Revolution im Seelenzustande, auch wohl äußerlich einen Sektenunterschied aus so sehr gegeneinander abstechenden Gefühlen beider Parteien kennbar machen dürfte.*

3) Der *Beweis*: daß, wenn, was No. 2 verlangt worden, geschehen, die Aufgabe No. 1 dadurch aufgelöst sein werde. – Dieser Beweis ist unmöglich. Denn der Mensch müßte beweisen, daß in ihm eine übernatürliche Erfahrung, die an sich selbst ein Widerspruch ist, vorangegangen sei. Es

---

*Welche Nationalphysiognomie möchte wohl ein ganzes Volk, welches (wenn dergleichen möglich wäre) in einer dieser Sekten erzogen wäre, haben? Denn daß eine solche sich zeigen würde, ist wohl nicht zu zweifeln; weil oft wiederholte, vornehmlich widernatürliche Eindrücke aufs Gemüt sich in Gebärdung und Ton der Sprache äußern und Mienen endlich stehende Gesichtszüge werden. *Beate* oder, wie sie Herr Nikolai nennt, *gebenedeiete* Gesichter würden es von anderen gesitteten und aufgeweckten Völkern (eben nicht zu ihrem Vorteil) unterscheiden; denn es ist Zeichnung der Frömmigkeit in Karikatur. Aber nicht die Verachtung der Frömmigkeit ist es, was den Namen der Pietisten zum Sektennamen gemacht hat (mit dem immer eine gewisse Verachtung verbunden ist), sondern die phantastische und bei allem Schein der Demut stolze Anmaßung, sich als übernatürlich begünstigte Kinder des Himmels auszuzeichnen, wenngleich ihr Wandel, soviel man sehen kann, vor dem der von ihnen so benannten Weltkinder in der Moralität nicht den mindesten Vorzug zeigt.

57

könnte allenfalls eingeräumt werden, daß der Mensch in sich eine Erfahrung (z. B. von neuen und besseren Willensbestimmungen) gemacht hätte, von einer Veränderung, die er sich nicht anders als durch ein Wunder zu erklären *weiß*, also *von* etwas Übernatürlichem. Aber eine Erfahrung, von der er sich sogar nicht einmal, daß sie in der Tat Erfahrung sei, überführen kann, weil sie (als übernatürlich) auf keine Regel der Natur unseres Verstandes zurückgeführt und dadurch bewährt werden kann, ist eine Ausdeutung gewisser Empfindungen, von denen man nicht weiß, was man aus ihnen machen soll, ob sie als zur Erkenntnis gehörig einen wirklichen Gegenstand haben oder bloße Träumereien sein mögen. Den unmittelbaren Einfluß der Gottheit als einer solchen *fühlen* wollen, ist, weil die Idee von dieser bloß in der Vernunft liegt, eine sich selbst widersprechende Anmaßung. – Also ist hier eine Aufgabe samt ihrer Auflösung ohne irgendeinen möglichen Beweis; woraus denn auch nie etwas Vernünftiges gemacht werden wird.

Es kommt nun noch darauf an nachzusuchen, ob die Bibel nicht noch ein anderes Prinzip der Auflösung jenes Spenerschen Problems als die zwei angeführten sektenmäßigen enthalte, welches die Unfruchtbarkeit des kirchlichen Grundsatzes der bloßen Orthodoxie ersetzen könne. In der Tat ist nicht allein in die Augen fallend, daß ein solches in der Bibel anzutreffen sei, sondern auch überzeugend gewiß, daß nur durch dasselbe und das in diesem Prinzip enthaltene Christentum dieses Buch seinen so weit ausgebreiteten Wirkungskreis und dauernden Einfluß auf die Welt hat erwerben können, eine Wirkung, die keine Offenbarungslehre (als solche), kein Glaube an Wunder, keine vereinigte Stimme vieler Bekenner je hervorgebracht hätte, weil sie nicht aus der Seele des Menschen selbst geschöpft gewesen wäre und ihm also immer hätte fremd bleiben müssen.

Es ist nämlich etwas in uns, was zu bewundern wir niemals aufhören können, wenn wir es einmal ins Auge gefaßt haben, und dieses ist zugleich dasjenige, was die *Menschheit* in der Idee zu einer Würde erhebt, die man am *Menschen* als Gegenstande der Erfahrung nicht vermuten sollte. Daß wir den moralischen Gesetzen unterworfene und zu deren Beobachtung selbst mit Aufopferung aller ihnen widerstrei-

tenden Lebensannehmlichkeiten durch unsere Vernunft bestimmte Wesen sind, darüber wundert man sich nicht, weil
es objektiv in der natürlichen Ordnung der Dinge als Objekt
der reinen Vernunft liegt, jenen Gesetzen zu gehorchen;
ohne daß es dem gemeinen und gesunden Verstande nur
einmal einfällt zu fragen, woher uns jene Gesetze kommen
mögen, um vielleicht, bis wir ihren Ursprung wissen, die
Befolgung derselben aufzuschieben oder wohl gar seine
Wahrheit zu bezweifeln. – Aber daß wir auch das *Vermögen*
dazu haben, der Moral mit unserer sinnlichen Natur so
große Opfer zu bringen, daß wir das auch *können*, wovon
wir ganz leicht und klar begreifen, daß wir es *sollen*, diese
Überlegenheit des *übersinnlichen Menschen* in uns über den
sinnlichen, desjenigen, gegen den der letztere (wenn es zum
Widerstreit kommt) *nichts* ist, ob dieser zwar in seinen eigenen Augen *alles* ist: diese moralische, von der Menschheit
unzertrennliche Anlage in uns ist ein Gegenstand der höchsten *Bewunderung*, die, je länger man dieses wahre (nicht er-
dachte) Ideal ansieht, nur immer desto höher steigt; so daß
diejenigen wohl zu entschuldigen sind, welche, durch die
Unbegreiflichkeit desselben verleitet, dieses *Übersinnliche* in
uns, weil es doch praktisch ist, für *übernatürlich*, d. i. für etwas, was gar nicht in unserer Macht steht und uns als eigen
zugehört, sondern vielmehr für den Einfluß von einem anderen und höheren Geiste halten; worin sie aber sehr fehlen, weil die Wirkung dieses Vermögens alsdann nicht unsere Tat sein, mithin uns auch nicht zugerechnet werden
könnte, das Vermögen dazu also nicht das unsrige sein
würde. – Die Benutzung der Idee dieses uns unbegreifli-
cherweise beiwohnenden Vermögens und die Ansherzle-
gung derselben von der frühesten Jugend an und fernerhin
im öffentlichen Vortrage enthält nun die echte Auflösung
jenes Problems (vom neuen Menschen); und selbst die Bibel scheint nichts anderes vor Augen gehabt zu haben,
nämlich nicht auf übernatürliche Erfahrungen und schwär-
merische Gefühle hinzuweisen, die statt der Vernunft diese
Revolution bewirken sollten: sondern auf den Geist Christi,
um ihn, so wie er ihn in Lehre und Beispiel erwies, zu dem
unsrigen zu machen oder vielmehr, da er mit der ursprünglichen moralischen Anlage schon in uns liegt, ihm nur
Raum zu verschaffen. Und so ist, zwischen dem seelenlo-

sen *Orthodoxismus* und dem vernunfttötenden *Mystizismus*, die biblische Glaubenslehre, sowie sie vermittelst der Vernunft aus uns selbst entwickelt werden kann, die mit göttlicher Kraft auf aller Menschen Herzen zur gründlichen Besserung hinwirkende und sie in einer allgemeinen (obzwar unsichtbaren) Kirche vereinigende, auf dem *Kritizismus* der praktischen Vernunft gegründete wahre Religionslehre.

Das aber, worauf es in dieser Anmerkung eigentlich ankommt, ist die Beantwortung der Frage: ob die Regierung wohl einer Sekte des Gefühlsglaubens die Sanktion einer Kirche könne angedeihen lassen, oder ob sie eine solche zwar dulden und schützen, mit jenem Prärogativ aber nicht beehren könne, ohne ihrer eigenen Absicht zuwiderzuhandeln?

Wenn man annehmen darf (wie man es denn mit Grunde tun kann), daß es der Regierung Sache gar nicht sei, für die künftige Seligkeit der Untertanen Sorge zu tragen und ihnen den Weg dazu anzuweisen (denn das muß sie wohl diesen selbst überlassen, wie denn auch der Regent selbst seine eigene Religion gewöhnlicherweise vom Volk und dessen Lehrern her hat): so kann ihre Absicht nur sein, auch durch dieses Mittel (den Kirchenglauben) lenksame und moralisch-gute Untertanen zu haben.

Zu dem Ende wird sie erstlich keinen *Naturalismus* (Kirchenglauben ohne Bibel) sanktionieren, weil es bei dem gar keine, dem Einfluß der Regierung unterworfene kirchliche Form geben würde, welches der Voraussetzung widerspricht. – Die biblische Orthodoxie würde also das sein, woran sie die öffentlichen Volkslehrer bände, in Ansehung deren diese wiederum unter der Beurteilung der Fakultäten stehen würden, die es angeht, weil sonst ein Pfaffentum, d. i. eine Herrschaft der Werkleute des Kirchenglaubens, entstehen würde, das Volk nach ihren Absichten zu beherrschen. Aber den *Orthodoxismus*, d. i. die Meinung von der Hinlänglichkeit des Kirchenglaubens zur Religion, würde sie durch ihre Autorität nicht bestätigen; weil diese die natürlichen Grundsätze der Sittlichkeit zur Nebensache macht, da sie vielmehr die Hauptstütze ist, worauf die Regierung muß rechnen können, wenn sie in ihr Volk Ver-

60

trauen setzen soll.* Endlich kann sie am wenigsten den Mystizismus als Meinung des Volkes, übernatürlicher Inspiration selbst teilhaftig werden zu können, zum Rang eines
öffentlichen Kirchenglaubens erheben, weil er gar nichts
Öffentliches ist und sich also dem Einfluß der Regierung
gänzlich entzieht.

FRIEDENSABSCHLUSS UND BEILEGUNG DES STREITS DER FAKULTÄTEN

In Streitigkeiten, welche bloß die reine, aber praktische
Vernunft angehen, hat die philosophische Fakultät ohne
Widerrede das Vorrecht, den Vortrag zu tun und, was das
Formale betrifft, den Prozeß zu *instruieren*; was aber das Materiale anlangt, so ist die theologische im Besitz, den Lehn-
stuhl, der den Vorrang bezeichnet, einzunehmen, nicht,
weil sie etwa in Sachen der Vernunft auf mehr Einsicht Anspruch machen kann als die übrigen, sondern weil es die
wichtigste menschliche Angelegenheit betrifft, und führt

*Was den Staat in Religionsdingen allein interessieren darf, ist:
wozu die Lehrer derselben anzuhalten sind, damit er nützliche
Bürger, gute Soldaten und überhaupt getreue Untertanen habe.
Wenn er nun dazu die Einschärfung der Rechtgläubigkeit in statutarischen Glaubenslehren und ebensolcher Gnadenmittel wählt, so
kann er hierbei sehr übel fahren. Denn da das Annehmen dieser
Statuten eine leichte und dem schlechtdenkendsten Menschen weit
leichtere Sache ist als dem guten, dagegen die moralische Besserung der Gesinnung viel und lange Mühe macht, er aber von der ersteren hauptsächlich seine Seligkeit zu hoffen gelehrt worden ist,
so darf er sich eben kein groß Bedenken machen, seine Pflicht
(doch behutsam) zu übertreten, weil er ein unfehlbares Mittel bei
der Hand hat, der göttlichen Strafgerechtigkeit (nur daß er sich
nicht verspäten muß) durch seinen rechten Glauben an alle Geheimnisse und inständige Benutzung der Gnadenmittel zu entge-
hen; dagegen, wenn jene Lehre der Kirche geradezu auf die Moralität gerichtet sein würde, das Urteil seines Gewissens ganz anders
lauten würde, nämlich daß, soviel er von dem Bösen, was er tat,
nicht ersetzen kann, dafür müsse er einem künftigen Richter antworten, und dieses Schicksal abzuwenden vermöge kein kirchliches
Mittel, kein durch Angst herausgedrängter Glaube noch ein solches
Gebet (desine fata deum flecti sperare precando[23]). – Bei welchem
Glauben ist nun der Staat sicherer?

daher den Titel der *obersten* Fakultät (doch nur als prima inter pares). – Sie spricht aber nicht nach Gesetzen der reinen und a priori erkennbaren Vernunftreligion (denn da würde sie sich erniedrigen und auf die philosophische Bank herabsetzen), sondern nach *statutarischen,* in einem Buche, vorzugsweise *Bibel* genannt, enthaltenen Glaubensvorschriften, d. i. in einem Kodex der Offenbarung eines vor viel hundert Jahren geschlossenen alten und neuen Bundes der Menschen mit Gott, dessen Authentizität als eines Geschichtsglaubens (nicht eben des moralischen, denn der würde auch aus der Philosophie gezogen werden können), doch mehr von der Wirkung, welche die Lesung der Bibel auf das Herz der Menschen tun mag, als von, mit kritischer Prüfung der darin enthaltenen Lehren und Erzählungen aufgestellten, Beweisen erwartet werden darf, dessen *Auslegung* auch nicht der natürlichen Vernunft der Laien, sondern nur der Scharfsinnigkeit der Schriftgelehrten überlassen wird.*

Der biblische Glaube ist ein *messianischer* Geschichtsglaube, dem ein Buch des Bundes Gottes mit Abraham zum Grunde liegt, und besteht aus einem *mosaisch*-messianischen und einem *evangelisch*-messianischen Kirchenglauben, der den Ursprung und die Schicksale des Volkes Gottes so vollständig erzählt, daß er von dem, was in der Weltgeschichte überhaupt das Oberste ist und wobei kein Mensch zugegen war, nämlich dem Weltanfang (in der Genesis) anhebend,

*Im römisch-katholischen System des Kirchenglaubens ist, diesen Punkt (das Bibellesen) betreffend, mehr Konsequenz als im protestantischen. – Der reformierte Prediger *La Coste*[24] sagt zu seinen Glaubensgenossen: „Schöpft das göttliche Wort aus der Quelle (der Bibel) selbst, wo ihr es dann lauter und unverfälscht einnehmen könnt; aber ihr müßt ja nichts anderes in der Bibel finden, als was wir darin finden. – Nun, lieben Freunde, sagt uns lieber, was ihr in der Bibel findet, damit wir nicht unnötigerweise darin selbst suchen, und am Ende, was wir darin gefunden zu haben vermeinten, von euch für unrichtige Auslegung derselben erklärt werde." – Auch spricht die katholische Kirche in dem Satze: „Außer der Kirche (der katholischen) ist kein Heil" konsequenter als die protestantische, wenn diese sagt, daß man auch als Katholik selig werden könne. Denn wenn das ist (sagt *Bossuet*[25], so wählt man ja am sichersten, sich zur ersteren zu schlagen. Denn noch seliger als selig kann doch kein Mensch zu werden verlangen.

62

sie bis zum Ende aller Dinge (in der Apokalypsis) verfolgt, – welches freilich von keinem anderen als einem göttlich-inspirierten Verfasser erwartet werden darf –, wobei sich doch eine bedenkliche Zahlen-Kabbala in Ansehung der wichtigsten Epochen der heiligen Chronologie darbietet, welche den Glauben an die Authentizität dieser biblischen *Geschichtserzählung* etwas schwächen dürfte.*

*70 apokalyptische Monate (deren es in diesem Zyklus 4 gibt), jeden zu $29^{1}/_{2}$ Jahren, geben 2065 Jahre. Davon jedes 49. Jahr, als das große Ruhejahr (deren in diesem Zeitlaufe 42 sind) abgezogen, bleiben gerade 2023, als das Jahr, da Abraham aus dem Lande Kanaan, das ihm Gott geschenkt hatte, nach Ägypten ging. – Von da an bis zur Einnahme jenes Landes durch die Kinder Israel, 70 apokalyptische Wochen (= 490 Jahre), – und so 4 mal solcher Jahrwochen zusammengezählt (= 1960) und mit 2023 addiert, geben nach *P. Petaus*[26] Rechnung das Jahr der Geburt Christi (= 3983) so genau, daß auch nicht ein Jahr daran fehlt. – Siebzig Jahre hernach die Zerstörung Jerusalems (auch eine mystische Epoche). – – Aber *Bengel*[27] (In Ordine temporum pag. 9. it. p. 218 sqq.) bringt 3939 als die Zahl der Geburt Christi heraus? Aber das ändert nichts an der Heiligkeit des Numerus septenarius. Denn die Zahl der Jahre vom Rufe Gottes an Abraham bis zur Geburt Christi ist 1960, welches 4 apokalyptische Perioden austrägt, jede zu 490, oder auch 40 apokalyptische Perioden, jede zu 7 mal 7 = 49 Jahre. Zieht man nun von jedem neunundvierzigsten das *große* Ruhejahr und von jedem *größten* Ruhejahr, welches das 490. ist, eines ab (zusammen 44), so bleibt gerade 3939. – Also sind die Jahrzahlen 3983 und 3939, als das verschieden angegebene Jahr der Geburt Christi, nur darin unterschieden, daß die letztere entspringt, wenn in der Zeit der ersteren das, was zur Zeit der 4 großen Epochen gehört, um die Zahl der Ruhejahre vermindert wird. Nach *Bengel* würde die Tafel der heiligen Geschichte so aussehen:
2023: Verheißung an Abraham, das Land Kanaan zu besitzen;
2502: Besitzerlangung desselben;
2981: Einweihung des ersten Tempels;
3460: gegebener Befehl zur Erbauung des zweiten Tempels;
3939: Geburt Christi.
Auch das Jahr der Sündflut läßt sich so a priori ausrechnen. Nämlich 4 Epochen zu 490 (= 70 mal 7) Jahren machen 1960. Davon jedes 7. (= 280) abgezogen, bleiben 1680. Von diesen 1680 jedes darin enthaltene 70. Jahr abgezogen (= 24), bleiben 1656, als das Jahr der Sündflut. – Auch von dieser bis zum Rufe Gottes an Abraham sind 366 volle Jahre, davon eines ein Schaltjahr ist.
Was soll man nun hierzu sagen? Haben die heiligen Zahlen etwa

Ein Gesetzbuch des nicht aus der menschlichen Vernunft gezogenen, aber doch mit ihr als moralisch-praktischer Vernunft dem Endzwecke nach vollkommen einstimmigen *statutarischen* (mithin aus einer Offenbarung hervorgehenden) göttlichen Willens, die Bibel, würde nun das kräftigste Organ der Leitung des Menschen und des Bürgers zum zeitlichen und ewigen Wohl sein, wenn sie nur als Gottes Wort beglaubigt und ihre Authentizität dokumentiert werden könnte. – Diesem Umstande aber stehen viele Schwierigkeiten entgegen.

Denn wenn Gott zum Menschen wirklich spräche, so kann dieser doch niemals *wissen*, daß Gott es sei, der zu ihm spricht. Es ist schlechterdings unmöglich, daß der Mensch durch seine Sinne den Unendlichen fassen, ihn von Sinnenwesen unterscheiden und ihn woran *kennen* solle. – Daß es aber *nicht* Gott sein könne, dessen Stimme er zu hören glaubt, davon kann er sich wohl in einigen Fällen überzeugen; denn wenn das, was ihm durch sie geboten wird, dem moralischen Gesetz zuwider ist, so mag die Erscheinung ihm noch so majestätisch und die ganze Natur überschreitend dünken: er muß sie doch für Täuschung halten.*

Die Beglaubigung der Bibel nun als eines in Lehre und Beispiel zur Norm dienenden evangelisch-messianischen Glaubens kann nicht aus der Gottesgelahrtheit ihrer Verfasser (denn der war immer ein dem möglichen Irrtum ausgesetzter Mensch), sondern muß aus der Wirkung ihres Inhalts auf die Moralität des Volkes von Lehrern aus diesem Volk selbst, als Idioten (im Wissenschaftlichen), an sich, mithin als aus dem reinen Quell der allgemeinen, jedem gemeinen Menschen beiwohnenden Vernunftreligion geschöpft betrachtet werden, die eben durch diese Einfalt auf die Her-

---

den Wettlauf bestimmt? *Franks* [28] Cyclus iobilaeus dreht sich ebenfalls um diesen Mittelpunkt der mystischen Chronologie herum.

*Zum Beispiel kann die Mythe von dem Opfer dienen, das Abraham auf göttlichen Befehl durch Abschlachtung und Verbrennung seines einzigen Sohnes – das arme Kind trug unwissend noch das Holz hinzu – bringen wollte. Abraham hätte auf diese vermeinte göttliche Stimme antworten müssen: „Daß ich meinen guten Sohn nicht töten solle, ist ganz gewiß; daß aber du, der du mir erscheinst, Gott seist, davon bin ich nicht gewiß und kann es auch nicht werden", wenn sie auch vom (sichtbaren) Himmel herabschallte.

zen desselben den ausgebreitetsten und kräftigsten Einfluß haben mußte. – Die Bibel war das Vehikel derselben, vermittelst gewisser statutarischer Vorschriften, welche der Ausübung der Religion in der bürgerlichen Gesellschaft eine *Form* als einer Regierung gab, und die Authentizität dieses Gesetzbuches als eines göttlichen (des Inbegriffs aller unserer Pflichten als göttlicher Gebote) beglaubigt also und dokumentiert sich selbst, was den Geist desselben (das Moralische) betrifft; was aber den Buchstaben (das Statutarische) desselben anlangt, so bedürfen die Satzungen in diesem Buche keiner Beglaubigung, weil sie nicht zum Wesentlichen (principale), sondern nur zum Beigesellten (accessorium) desselben gehören. – – Den Ursprung aber dieses Buches auf Inspiration seiner Verfasser (deus ex machina) zu gründen, um auch die unwesentlichen Statuten desselben zu heiligen, muß eher das Zutrauen zu seinem moralischen Wert schwächen als es stärken.

Die Beurkundung einer solchen Schrift als einer göttlichen kann von keiner Geschichtserzählung, sondern nur von der erprobten Kraft derselben, Religion in menschlichen Herzen zu gründen und, wenn sie durch mancherlei (alte oder neue) Satzungen verunartet wäre, sie durch ihre Einfalt selbst wieder in ihre Reinigkeit herzustellen, abgeleitet werden, welches Werk darum nicht aufhört, Wirkung der *Natur* und Erfolg der fortschreitenden moralischen Kultur in dem allgemeinen Gange der *Vorsehung* zu sein, und als eine solche erklärt zu werden bedarf, damit die Existenz dieses Buches nicht *ungläubisch* dem bloßen Zufall oder *abergläubisch* einem *Wunder* zugeschrieben werde und die Vernunft in beiden Fällen auf den Strand gerate.

Der Schluß hieraus ist nun dieser:

Die Bibel enthält in sich selbst einen in praktischer Absicht hinreichenden Beglaubigungsgrund ihrer (moralischen) Göttlichkeit durch den Einfluß, den sie als Text einer systematischen Glaubenslehre von jeher, sowohl in katechetischem als homiletischem Vortrage, auf das Herz der Menschen ausgeübt hat, um sie als Organ nicht allein der allgemeinen und inneren Vernunftreligion, sondern auch als Vermächtnis (Neues Testament) einer statutarischen, auf unabsehliche Zeiten zum Leitfaden dienenden Glaubenslehre aufzubehalten: es mag ihr auch in theoretischer Rücksicht für Gelehrte, die ihren Ursprung theoretisch und historisch nachsuchen, und für die kritische Behandlung ihrer Geschichte an Beweistümern viel oder wenig abgehen. – Die *Göttlichkeit* ihres moralischen Inhalts entschädigt die Vernunft hinreichend wegen der Menschlichkeit der Geschichtserzählung, die gleich einem alten Pergamente hin und wieder unleserlich, durch Akkommodationen und Konjekturen im Zusammenhange mit dem Ganzen müssen verständlich gemacht werden, und berechtigt dabei doch zu dem Satz: daß die Bibel, *gleich als ob sie eine göttliche Offenbarung wäre,* aufbewahrt, moralisch benutzt und der Religion als ihr Leitmittel untergelegt zu werden verdiene.

Die Keckheit der Kraftgenies, welche diesem Leitbande des Kirchenglaubens sich jetzt schon entwachsen zu sein wähnen, sie mögen nun als Theophilanthropen in öffentlichen dazu errichteten Kirchen oder als Mystiker bei der Lampe innerer Offenbarungen schwärmen, würde die Regierung bald ihre Nachsicht bedauern machen, jenes große Stiftungs- und Leitungsmittel der bürgerlichen Ordnung und Ruhe vernachlässigt und leichtsinnigen Händen überlassen zu haben. – Auch ist nicht zu erwarten, daß, wenn die Bibel, die wir haben, außer Kredit kommen sollte, eine andere an ihrer Stelle emporkommen würde, denn öffentliche Wunder machen sich nicht zum zweiten Male in derselben Sache, weil das Fehlschlagen des vorigen in Absicht auf die Dauer dem folgenden allen Glauben benimmt; – wiewohl doch auch andererseits auf das Geschrei der *Alarmisten* (das Reich ist in Gefahr) nicht zu achten ist, wenn in gewissen Statuten der Bibel, welche mehr die Förmlichkeiten als den inneren Glaubensgehalt der Schrift betreffen, selbst an den Verfassern derselben einiges gerügt werden sollte, weil das Verbot der Prüfung einer Lehre der Glaubensfreiheit zuwider ist. – Daß aber ein Geschichtsglaube Pflicht sei und zur Seligkeit gehöre, ist Aberglaube.*

**Aberglaube ist der Hang, in das, was als nicht natürlicherweise zugehend vermeint wird, ein größeres Vertrauen zu setzen, als was sich nach Naturgesetzen erklären läßt, – es sei im Physischen oder Moralischen. – Man kann also die Frage aufwerfen: ob der Bibelglaube (als empirischer) oder ob umgekehrt die Moral (als reiner Vernunft- und Religionsglaube) dem Lehrer zum Leitfaden dienen solle? mit anderen Worten: Ist die Lehre von Gott, weil sie in der

Von der biblischen *Auslegungskunst* (hermeneutica sacra), da sie nicht den Laien überlassen werden kann (denn sie betrifft ein wissenschaftliches System), darf nun lediglich in Ansehung dessen, was in der Religion statutarisch ist, verlangt werden: daß der Ausleger sich erkläre, ob sein Ausspruch als *authentisch* oder als *doktrinal* verstanden werden solle. – Im ersteren Falle muß die Auslegung dem Sinne des Verfassers buchstäblich (philologisch) angemessen sein; im zweiten aber hat der Schriftsteller die Freiheit, der Schriftstelle (philosophisch) denjenigen Sinn unterzulegen, den sie in moralisch-praktischer Absicht (zur Erbauung des Lehrlings) in der Exegese annimmt; denn der Glaube an einen bloßen Geschichtssatz ist tot an ihm selber. – Nun mag wohl die erstere für den Schriftgelehrten und indirekt auch für das Volk in gewisser pragmatischer Absicht wichtig ge-

Bibel steht? oder: Steht sie in der Bibel, weil sie von Gott ist? – Der erstere Satz ist augenscheinlich inkonsequent; weil das göttliche Ansehen des Buches hier vorausgesetzt werden muß, um die Göttlichkeit der Lehre desselben zu beweisen. Also kann nur der zweite Satz stattfinden, der aber schlechterdings keines Beweises fähig ist (supernaturalium non datur scientia). – – Hiervon ein Beispiel. – Die Jünger des mosaisch-messianischen Glaubens sahen ihre Hoffnung aus dem Bunde Gottes mit Abraham nach Jesu Tode ganz sinken (wir hofften, er würde Israel erlösen); denn nur den Kindern Abrahams war in ihrer Bibel das Heil verheißen. Nun trug es sich zu, daß, da am Pfingstfeste die Jünger versammelt waren, einer derselben auf den glücklichen, der subtilen jüdischen Auslegungskunst angemessenen Einfall geriet: daß auch die Heiden (Griechen und Römer) als in diesen Bund aufgenommen betrachtet werden könnten, wenn sie an das Opfer, welches Abraham Gott mit seinem einzigen Sohne bringen wollte (als dem Sinnbilde des einigen Opfers des Weltheilandes), glaubten; denn da wären sie Kinder Abrahams im Glauben (zuerst unter, dann aber auch ohne die Beschneidung). – Es ist kein Wunder, daß diese Entdeckung, die in einer großen Volksversammlung eine so unermeßliche Aussicht eröffnete, mit dem größten Jubel, und als ob sie unmittelbare Wirkung des Heiligen Geistes gewesen wäre, aufgenommen und für ein Wunder gehalten wurde und als ein solches in [die] biblische (Apostel-) Geschichte kam, bei der es aber gar nicht zur Religion gehört, sie als Faktum zu glauben und diesen Glauben der natürlichen Menschenvernunft aufzudringen. Der durch Furcht abgenötigte Gehorsam in Ansehung eines solchen Kirchenglaubens, als zur Seligkeit erforderlich, ist also Aberglaube.

nug sein, aber der eigentliche Zweck der Religionslehre, moralisch bessere Menschen zu bilden, kann auch dabei nicht allein verfehlt, sondern wohl gar verhindert werden. – Denn die heiligen Schriftsteller können als Menschen auch geirrt haben (wenn man nicht ein durch die Bibel beständig fortlaufendes Wunder annimmt), wie z. B. der heilige *Paul* mit seiner Gnadenwahl, welche er aus der mosaisch-messianischen Schriftlehre in die evangelische treuherzig überträgt, ob er zwar über die Unbegreiflichkeit der Verwerfung gewisser Menschen, ehe sie noch geboren waren, sich in großer Verlegenheit befindet und so, wenn man die Hermeneutik der Schriftgelehrten als kontinuierlich dem Ausleger zuteil gewordene Offenbarung annimmt, der Göttlichkeit der Religion beständig Abbruch tun muß. – Also ist nur die *doktrinale* Auslegung, welche nicht (empirisch) zu wissen verlangt, was der heilige Verfasser mit seinen Worten für einen Sinn verbunden haben mag, sondern was die Vernunft (a priori) in moralischer Rücksicht bei Veranlassung einer Spruchstelle als Text der Bibel für eine Lehre unterlegen kann, die einzige evangelisch-biblische Methode der Belehrung des Volkes in der wahren, inneren und allgemeinen Religion, die von dem partikulären Kirchenglauben als Geschichtsglauben – unterschieden ist; wobei dann alles mit Ehrlichkeit und Offenheit ohne Täuschung zugeht, dahingegen das Volk, mit einem Geschichtsglauben, den keiner desselben sich zu beweisen vermag, statt des moralischen (alleinseligmachenden), den ein jeder faßt, in seiner Absicht (die es haben muß) *getäuscht*, seinen Lehrer anklagen kann.

In Absicht auf die Religion eines Volkes, das eine Heilige Schrift zu verehren gelehrt worden ist, ist nun die doktrinale Auslegung derselben, welche sich auf sein (des Volkes) moralisches Interesse – der Erbauung, sittlichen Besserung und so der Seligwerdung – bezieht, zugleich die authentische: d. i. so will Gott seinen in der Bibel geoffenbarten Willen verstanden wissen. Denn es ist hier nicht von einer bürgerlichen, das Volk unter Disziplin haltenden (politischen), sondern einer auf das Innere der moralischen Gesinnung abzweckenden (mithin göttlichen) Regierung die Rede. Der Gott, der durch unsere eigene (moralisch-praktische) Vernunft spricht, ist ein untrüglicher, allgemein verständlicher Ausleger dieses seines Wortes, und es kann auch schlechterdings keinen anderen (etwa auf historische Art) beglaubigten Ausleger seines Wortes geben; weil Religion eine reine Vernunftsache ist.

Und so haben die Theologen der Fakultät die Pflicht auf sich, mithin auch die Befugnis, den Bibelglauben aufrechtzuerhalten; doch unbeschadet der Freiheit der Philosophen, ihn jederzeit der Kritik der Vernunft zu unterwerfen, welche im Falle einer Diktatur (des Religionsedikts), die jener oberen etwa auf kurze Zeit eingeräumt werden dürfte, sich durch die solenne Formel bestens verwahren: Provideant consules, ne quid respublica detrimenti capiat.[29]

ANHANG BIBLISCH-HISTORISCHER FRAGEN
über die praktische Benutzung und mutmaßliche Zeit der Fortdauer dieses heiligen Buches

Daß es bei allem Wechsel der Meinungen noch lange Zeit im Ansehen bleiben werde, dafür bürgt die Weisheit der Regierung, als deren Interesse in Ansehung der Eintracht und Ruhe des Volkes in einem Staat hiermit in enger Verbindung steht. Aber ihm die Ewigkeit zu verbürgen oder auch es chiliastisch in ein neues Reich Gottes auf Erden übergehen zu lassen, das übersteigt unser ganzes Vermögen der Wahrsagung. – Was würde also geschehen, wenn der Kirchenglaube dieses große Mittel der Volksleitung einmal entbehren müßte?
Wer ist der Redakteur der biblischen Bücher (Alten und Neuen Testaments), und zu welcher Zeit ist der Kanon zustande gekommen?
Werden philologisch-antiquarische Kenntnisse immer zur Erhaltung der einmal angenommenen Glaubensnorm nötig sein, oder wird die Vernunft den Gebrauch derselben zur Religion dereinst von selbst und mit allgemeiner Einstimmung anzuordnen imstande sein?
Hat man hinreichende Dokumente der Authentizität der Bibel nach den sogenannten siebzig Dolmetschern, und von welcher Zeit kann man sie mit Sicherheit datieren? usw.

Die praktische, vornehmlich öffentliche Benutzung dieses Buches in Predigten ist ohne Zweifel diejenige, welche zur Besserung der Menschen und Belebung ihrer moralischen Triebfedern (zur Erbauung) beiträgt. Alle andere Absicht muß ihr nachstehen, wenn sie hiermit in Kollision kommt. – Man muß sich daher wundern, daß diese Maxime noch hat bezweifelt werden können, und eine *paraphrastische* Behandlung eines Textes der *paränetischen* wenngleich nicht vorgezogen, doch durch die erstere wenigstens hat in Schatten gestellt werden sollen. – Nicht die Schriftgelahrtheit und was man vermittelst ihrer aus der Bibel durch philologische Kenntnisse, die oft nur verunglückte Konjekturen sind, *herauszieht*, sondern was man mit moralischer Denkungsart (also nach dem Geiste Gottes) in sie *hineinträgt*, und Lehren, die nie trügen, auch nie ohne heilsame Wirkung sein können, das muß diesem Vortrage ans Volk die Leitung geben: nämlich den Text *nur* (wenigstens *hauptsächlich*) als Veranlassung zu allem Sittenbessernden, was sich dabei denken läßt, zu behandeln, ohne was die heiligen Schriftsteller dabei selbst im Sinne gehabt haben möchten, nachforschen zu dürfen. – Eine auf Erbauung als Endzweck gerichtete Predigt (wie denn das eine jede sein soll) muß die Belehrung aus den *Herzen* der Zuhörer, nämlich der natürlichen moralischen Anlage selbst des unbelehrtesten Menschen, entwickeln, wenn die dadurch zu bewirkende Gesinnung lauter sein soll. Die damit verbundenen *Zeugnisse* der Schrift sollen auch nicht die Wahrheit dieser Lehren *bestätigende* historische Beweisgründe sein (denn deren bedarf die sittlich-tätige Vernunft hierbei nicht, und die empirische Erkenntnis vermag es auch nicht), sondern bloß Beispiele der Anwendung der praktischen Vernunftprinzipien auf Fakta der heiligen Geschichte, um ihre Wahrheit anschaulicher zu machen; welches aber auch ein sehr schätzbarer Vorteil für Volk und Staat auf der ganzen Erde ist.

Anhang
*Von einer reinen Mystik in der Religion**

Ich habe aus der Kritik der reinen Vernunft gelernt, daß Philosophie nicht etwa eine Wissenschaft der Vorstellungen, Begriffe und Ideen, oder eine Wissenschaft aller Wissenschaften, oder sonst etwas Ähnliches sei; sondern eine Wissenschaft des Menschen, seines Vorstellens, Denkens und Handelns; – sie soll den Menschen nach allen seinen Bestandteilen darstellen, wie er ist und sein soll, d. h. sowohl nach seinen Naturbestimmungen als auch nach seinem Moralitäts- und Freiheitsverhältnis. Hier wies nun die alte Philosophie dem Menschen einen ganz unrichtigen Standpunkt in der Welt an, indem sie ihn in dieser zu einer Maschine machte, die als solche gänzlich von der Welt oder von den Außendingen und Umständen abhängig sein mußte; sie machte also den Menschen zu einem beinahe bloß *passiven* Teile der Welt. – Jetzt erschien die Kritik der Vernunft und bestimmte dem Menschen in der Welt eine durchaus *aktive* Existenz. Der Mensch selbst ist ursprünglich Schöpfer aller seiner Vorstellungen und Begriffe und soll einziger Urheber aller seiner Handlungen sein. Jenes „*ist*" und dieses „*soll*" führt auf zwei ganz verschiedene Bestimmungen am Menschen. Wir bemerken daher auch im Menschen zweierlei ganz verschiedenartige Teile, nämlich auf der einen Seite Sinnlichkeit und Verstand und auf der anderen Vernunft und freien Willen, die sich sehr wesentlich voneinander unterscheiden. In der Natur *ist* alles; es ist von keinem *Soll* in ihr die Rede; Sinnlichkeit und Verstand gehen aber nur immer darauf aus zu bestimmen, was und wie es *ist*; sie müssen also für die Natur, für diese Erden-

---

*In einem seiner Dissertation: De similitudine inter mysticismum purum et Kantianam religionis doctrinam. Auctore Carol. Arnold. *Wilmans*[30] Bielefelda – Guestphalo, Halis Saxonum 1797 beigefügten Briefe, welchen ich mit seiner Erlaubnis und mit Weglassung der Einleitungs- und Schlußhöflichkeitsstellen hiermit liefere, und welcher diesen jetzt der Arzneiwissenschaft sich widmenden jungen Mann als einen solchen bezeichnet, von dem sich auch in anderen Fächern der Wissenschaft viel erwarten läßt. Wobei ich gleichwohl jene Ähnlichkeit meiner Vorstellungsart mit der seinigen unbedingt einzugestehen nicht gemeint bin.

welt bestimmt sein und mithin zu ihr gehören. Die Vernunft will beständig ins Übersinnliche, wie es wohl über die sinnliche Natur hinaus beschaffen *sein möchte;* sie scheint also, obzwar ein theoretisches Vermögen, dennoch gar nicht für diese Sinnlichkeit bestimmt zu sein; der freie Wille aber besteht ja in einer Unabhängigkeit von den Außendingen; diese sollen nicht Triebfedern des Handelns für den Menschen sein; er kann also noch weniger zur Natur gehören. Aber wohin denn? Der Mensch muß für zwei ganz verschiedene Welten bestimmt sein, einmal für das Reich der Sinne und des Verstandes, also für diese Erdenwelt; dann aber auch noch für eine andere Welt, die wir nicht kennen, für ein Reich der Sitten.

Was den Verstand betrifft, so ist dieser schon für sich durch seine Form auf diese Erdenwelt eingeschränkt; denn er besteht bloß aus Kategorien, d. h. Äußerungsarten, die bloß auf sinnliche Dinge sich beziehen können. Seine Grenzen sind ihm also scharf gesteckt. Wo die Kategorien aufhören, da hört auch der Verstand auf; weil sie ihn erst bilden und zusammensetzen. [Ein Beweis für die bloß irdische oder Naturbestimmung des Verstandes scheint mir auch dieses zu sein, daß wir in Rücksicht der Verstandeskräfte eine Stufenleiter in der Natur finden, vom klügsten Menschen bis zum dümmsten Tiere (indem wir doch den Instinkt auch als eine Art von Verstand ansehen können, insofern zum bloßen Verstande der freie Wille nicht gehört).] Aber nicht so in Rücksicht der Moralität, die da aufhört, wo die Menschheit aufhört, und die in allen Menschen ursprünglich dasselbe Ding ist. Der Verstand muß also bloß zur Natur gehören, und wenn der Mensch bloß Verstand hätte, ohne Vernunft und freien Willen oder ohne Moralität, so würde er sich in nichts von den Tieren unterscheiden und vielleicht bloß an der Spitze ihrer Stufenleiter stehen, da er hingegen jetzt, im Besitz der Moralität, als freies Wesen durchaus und wesentlich von den Tieren verschieden ist, auch von dem klügsten (dessen Instinkt oft deutlicher und bestimmter wirkt als der Verstand der Menschen). – Dieser Verstand aber ist ein gänzlich aktives Vermögen des Menschen; alle seine Vorstellungen und Begriffe sind bloß *seine* Geschöpfe, der Mensch denkt mit seinem Verstande ursprünglich, und er schafft sich also *seine* Welt. Die Außendinge sind nur Gelegenheitsursachen der Wirkungen des Verstandes, sie reizen ihn zur Aktion, und das Produkt dieser Aktion sind Vorstellungen und Begriffe. Die Dinge also, worauf sich die Vorstellungen und Begriffe beziehen, können nicht das sein, was unser Verstand vorstellt; denn der Verstand kann nur Vorstellungen und *seine* Gegenstände, nicht aber wirkliche Dinge schaffen, d. h. die Dinge können unmöglich durch diese Vorstellungen und Begriffe vom Verstande als solche, wie sie an sich sein mögen, erkannt werden; die Dinge, die unsere Sinne und unser Verstand darstellen, sind vielmehr an sich nur Erscheinungen, d. i. Gegenstände unserer Sinne und unseres Verstandes, die das Produkt aus dem Zusammentreffen der Gelegenheitsursachen und der Wirkung des Verstandes sind, die aber deswegen doch nicht Schein sind, sondern die wir im praktischen Leben für uns als wirkliche Dinge und Gegenstände unserer Vorstellungen ansehen können; eben weil wir die wirklichen Dinge als jene Gelegenheitsursachen supponieren müssen. Ein Beispiel gibt die Naturwissenschaft. Außendinge wirken auf einen aktionsfähigen Körper und reizen diesen dadurch zur Aktion; das Produkt hiervon ist Leben. – Was ist aber Leben? Physisches Anerkennen seiner Existenz in der Welt und seines Verhältnisses zu den Außendingen; der Körper lebt dadurch, daß er auf die Außendinge reagiert, sie als seine Welt ansieht und sie zu seinem Zweck gebraucht, ohne sich weiter um ihr Wesen zu bekümmern. Ohne Außendinge wäre dieser Körper kein lebender Körper, und ohne Aktionsfähigkeit des Körpers wären die Außendinge nicht seine Welt. Ebenso mit dem Verstande. Erst durch sein Zusammentreffen mit den Außendingen entsteht diese seine Welt; ohne Außendinge wäre er tot; – ohne Verstand aber wären keine Vorstellungen, ohne Vorstellungen keine Gegenstände und ohne diese nicht diese seine Welt; sowie mit einem anderen Verstande auch eine andere Welt dasein würde, welches durch das Beispiel von Wahnsinnigen klar wird. Also der Verstand ist Schöpfer seiner Gegenstände und der Welt, die aus ihnen besteht; aber so, daß wirkliche Dinge die Gelegenheitsursachen seiner Aktion und also der Vorstellungen sind.

Dadurch unterscheiden sich nun diese Naturkräfte des

Menschen wesentlich von der Vernunft und dem freien Willen. Beide machen zwar auch aktive Vermögen aus, aber die Gelegenheitsursachen ihrer Aktion sollen nicht aus dieser Sinnenwelt genommen sein. Die Vernunft als theoretisches Vermögen kann also hier gar keine Gegenstände haben, ihre Wirkungen können nur Ideen sein, d. h. Vorstellungen der Vernunft, denen keine Gegenstände entsprechen, weil nicht wirkliche Dinge, sondern etwa nur Spiele des Verstandes die Gelegenheitsursachen ihrer Aktion sind. Also kann die Vernunft, als theoretisches spekulatives Vermögen, hier in dieser Sinnenwelt gar nicht gebraucht werden (und muß folglich, weil sie doch einmal als solches da ist, für eine andere Welt bestimmt sein), sondern nur als praktisches Vermögen, zum Behuf des freien Willens. Dieser nun ist bloß und allein praktisch; das Wesentliche desselben besteht darin, daß seine Aktion nicht Reaktion, sondern eine reine objektive Handlung sein soll, oder daß die Triebfedern seiner Aktion nicht mit den Gegenständen derselben zusammenfallen sollen; daß er also unabhängig von den Vorstellungen des Verstandes, weil dieses eine verkehrte und verderbte Wirkungsart derselben veranlassen würde, als auch unabhängig von den Ideen der spekulativen Vernunft handeln soll, weil diese, da ihnen nichts Wirkliches entspricht, leicht eine falsche und grundlose Willensbestimmung verursachen könnten. Also muß die Triebfeder der Aktion des freien Willens etwas sein, was im inneren Wesen des Menschen selbst gegründet und von der Freiheit des Willens selbst unzertrennlich ist. Dieses ist nun das moralische Gesetz, welches uns durchaus so aus der Natur herausreißt und über sie erhebt, daß wir als moralische Wesen die Naturdinge weder zu Ursachen und Triebfedern der Aktion des Willens bedürfen noch sie als Gegenstände unseres Wollens ansehen können, an deren Stelle vielmehr nur die moralische Person der Menschheit tritt. Jenes Gesetz sichert uns also eine bloß dem Menschen eigentümliche und ihn von allen übrigen Naturteilen unterscheidende Eigenschaft, die Moralität, vermöge welcher wir unabhängige und freie Wesen sind, und die selbst wieder durch diese Freiheit begründet ist. – Diese Moralität und nicht der Verstand ist es also, was den Menschen erst zum Menschen macht. Sosehr auch der Verstand ein völlig aktives

74

und insofern ein selbständiges Vermögen ist, so bedarf er doch zu seiner Aktion der Außendinge und ist auch zugleich auf sie eingeschränkt; dahingegen der freie Wille völlig unabhängig ist und einzig durch das innere Gesetz bestimmt werden soll: d. h. der Mensch bloß durch sich selbst, sofern er sich nur zu seiner ursprünglichen Würde und Unabhängigkeit von allem, was nicht das Gesetz ist, erhoben hat. Wenn also dieser unser Verstand ohne diese seine Außendinge nichts, wenigstens nicht *dieser* Verstand sein würde, so bleiben Vernunft und freier Wille dieselben, ihr Wirkungskreis sei welcher er wolle. (Sollte hier der freilich hyperphysische Schluß wohl mit einiger Wahrscheinlichkeit gemacht werden können: „Daß mit dem Tode des Menschenkörpers auch dieser sein Verstand stirbt und verlorengeht, mit allen seinen irdischen Vorstellungen, Begriffen und Kenntnissen; weil doch dieser Verstand immer nur für irdische, sinnliche Dinge brauchbar ist und, sobald der Mensch ins Übersinnliche sich versteigen will, hier sogleich aller Verstandesgebrauch aufhört und der Vernunftgebrauch dagegen eintritt?" Es ist dieses eine Idee, die ich nachher auch bei den Mystikern, aber nur dunkel gedacht, nicht behauptet, gefunden habe und die gewiß zur Beruhigung und vielleicht auch moralischen Verbesserung vieler Menschen beitragen würde. Der Verstand hängt, sowenig wie der Körper, vom Menschen selbst ab. Bei einem fehlerhaften Körperbau beruhigt man sich, weil man weiß, er ist nichts Wesentliches, – ein gutgebauter Körper hat nur hier auf der Erde seine Vorzüge. Gesetzt, die Idee würde allgemein, daß es mit dem Verstande ebenso wäre, sollte das nicht für die Moralität der Menschen ersprießlich sein? Die neueste Naturlehre des Menschen harmoniert sehr mit dieser Idee, indem sie den Verstand bloß als etwas vom Körper Abhängiges und als ein Produkt der Gehirnwirkung ansieht. S. *Reils*[31] physiologische Schriften. Auch die älteren Meinungen von der Materialität der Seele ließen sich hierdurch auf etwas Reales zurückbringen.) –

Der fernere Verlauf der kritischen Untersuchung der menschlichen Seelenvermögen stellte die natürliche Frage auf: Hat die unvermeidliche und nicht zu unterdrückende Idee der Vernunft von einem Urheber des Weltalls und also unserer selbst und des moralischen Gesetzes auch wohl ei-

nen gültigen Grund, da jeder theoretische Grund seiner
Natur nach untauglich zur Befestigung und Sicherstellung
jener Idee ist? Hieraus entstand der so schöne moralische
Beweis für das Dasein Gottes, der jedem, auch wenn er
nicht wollte, doch insgeheim auch deutlich und hinlänglich
beweisend sein muß. Aus der durch ihn nun begründeten
Idee von einem Weltschöpfer aber ging endlich die praktische Idee hervor von einem allgemeinen moralischen Gesetzgeber für alle unsere Pflichten, als Urheber des uns in-
wohnenden moralischen Gesetzes. Diese Idee bietet dem
Menschen eine ganz neue Welt dar. Er fühlt sich für ein anderes Reich geschaffen als für das Reich der Sinne und des
Verstandes, – nämlich für ein moralisches Reich, für ein
Reich Gottes. Er erkennt nun seine Pflichten zugleich als
göttliche Gebote, und es entsteht in ihm eine neue Erkenntnis, ein neues Gefühl, nämlich Religion. – Soweit,
ehrwürdiger Vater, war ich in dem Studio Ihrer Schriften
gekommen, als ich eine Klasse von Menschen kennen-
lernte, die man Separatisten nennt, die aber sich selbst *Mystiker* nennen, bei welchen ich fast buchstäblich Ihre Lehre
in Ausübung gebracht fand. Es hielt freilich anfangs
schwer, diese in der mystischen Sprache dieser Leute wie-
derzufinden; aber es gelang mir nach anhaltendem Suchen.
Es fiel mir auf, daß diese Menschen ganz ohne Gottesdienst
lebten; alles verwarfen, was Gottes-*Dienst* heißt und nicht in
Erfüllung seiner Pflichten besteht; daß sie sich für religiöse
Menschen, ja für Christen hielten und doch die Bibel nichts
als ihr Gesetzbuch ansahen, sondern nur von einem inneren, von Ewigkeit her in uns einwohnenden Christentum
sprachen. – Ich forschte nach dem Lebenswandel dieser
Leute und fand (räudige Schafe ausgenommen, die man in
jeder Herde ihres Eigennutzes wegen findet) bei ihnen
reine moralische Gesinnungen und eine beinahe stoische
Konsequenz in ihren Handlungen. Ich untersuchte ihre
Lehre und ihre Grundsätze und fand im wesentlichen ganz
Ihre Moral und Religionslehre wieder, jedoch immer mit
dem Unterschiede, daß sie das innere Gesetz, wie sie es
nennen, für eine innere Offenbarung und also bestimmt
Gott für den Urheber desselben halten. Es ist wahr, sie halten die Bibel für ein Buch, welches auf irgendeine Art, worauf sie sich nicht weiter einlassen, göttlichen Ursprungs ist;

aber wenn man genauer forscht, so findet man, daß sie diesen Ursprung der Bibel erst aus der Übereinstimmung der Bibel, der in ihr enthaltenen Lehren mit ihrem inneren Gesetze schließen; denn wenn man sie z. B. fragt: Warum?, so ist ihre Antwort: Sie legitimiert sich in meinem Inneren, und ihr werdet es ebenso finden, wenn ihr der Weisung eures inneren Gesetzes oder den Lehren der Bibel Folge leistet. Eben deswegen halten sie sie auch nicht für ihr Gesetzbuch, sondern nur für eine historische Bestätigung, worin sie das, was in ihnen selbst ursprünglich gegründet ist, wiederfinden. Mit einem Worte, diese Leute würden (verzeihen Sie mir den Ausdruck) wahre Kantianer sein, wenn sie Philosophen wären. Aber sie sind größtenteils aus der Klasse der Kaufleute, Handwerker und Landbauern; doch habe ich hin und wieder auch in höheren Ständen und unter den Gelehrten einige gefunden; aber nie einen Theologen, denen diese Leute ein wahrer Dorn im Auge sind, weil sie ihren Gottesdienst nicht von ihnen unterstützt sehen und ihnen doch wegen ihres exemplarischen Lebenswandels und Unterwerfung in jede bürgerliche Ordnung durchaus nichts anhaben können. Von den Quäkern unterscheiden sich diese Separatisten nicht in ihren *Religionsgrundsätzen,* aber wohl in der Anwendung derselben aufs gemeine Leben. Denn sie kleiden sich z. B., wie es gerade Sitte ist, und bezahlen alle, sowohl Staats- als kirchliche, Abgaben. Bei dem gebildeten Teile derselben habe ich nie Schwärmerei gefunden, sondern freies vorurteilsloses Räsonnement und Urteil über religiöse Gegenstände.

ZWEITER ABSCHNITT

Der Streit der philosophischen Fakultät mit der juristischen

Erneuerte Frage:

Ob das menschliche Geschlecht im beständigen Fortschreiten zum Besseren sei?

1. Was will man hier wissen?

Man verlangt ein Stück von der Menschengeschichte, und zwar nicht das von der vergangenen, sondern der künftigen Zeit, mithin eine *vorhersagende*, welche, wenn sie nicht nach bekannten Naturgesetzen (wie Sonnen- und Mondfinsternissen) geführt wird, *wahrsagend* und doch natürlich, kann sie aber nicht anders als durch übernatürliche Mitteilung und Erweiterung der Aussicht in die künftige Zeit erworben werden, *weissagend* (prophetisch) genannt wird.* – Übrigens ist es hier auch nicht um die Naturgeschichte des Menschen (ob etwa künftig neue Rassen derselben entstehen möchten), sondern um die *Sittengeschichte*, und zwar nicht nach dem *Gattungsbegriff* (singulorum), sondern dem *Ganzen* der gesellschaftlich auf Erden vereinigten, in Völkerschaften verteilten Menschen (universorum) zu tun, wenn gefragt wird: ob das menschliche *Geschlecht* (im großen) zum Besseren beständig fortschreite?

2. Wie kann man es wissen?

Als wahrsagende Geschichtserzählung des Bevorstehenden in der künftigen Zeit; mithin als eine a priori mögliche Darstellung der Begebenheiten, die da kommen sollen. – Wie ist aber eine Geschichte a priori möglich? – Antwort: Wenn der Wahrsager die Begebenheiten selber *macht* und veranstaltet, die er zum voraus verkündigt.

---

*Wer ins Wahrsagen pfuschert (es ohne Kenntnis oder Ehrlichkeit tut), von dem heißt es: er *wahrsagert*; von der Pythia an bis zur Zigeunerin.

Jüdische Propheten hatten gut weissagen, daß über kurz oder lang nicht bloß Verfall, sondern gänzliche Auflösung ihrem Staat bevorstehe; denn sie waren selbst die Urheber dieses ihres Schicksals. – Sie hatten als Volksleiter ihre Verfassung mit so viel kirchlichen und daraus abfließenden bürgerlichen Lasten beschwert, daß ihr Staat völlig untauglich wurde, für sich selbst, vornehmlich mit benachbarten Völkern zusammen, zu bestehen, und die Jeremiaden ihrer Priester mußten daher natürlicherweise vergeblich in der Luft verhallen; weil diese hartnäckig auf ihrem Vorsatz einer unterhaltbaren, von ihnen selbst gemachten Verfassung beharrten, und so von ihnen selbst der Ausgang mit Unfehlbarkeit vorausgesehen werden konnte.

Unsere Politiker machen, soweit ihr Einfluß reicht, es ebenso und sind auch im Wahrsagen ebenso glücklich. – Man muß, sagen sie, die Menschen nehmen wie sie sind, nicht wie der Welt unkundige Pedanten oder gutmütige Phantasten träumen, daß sie sein sollten. Das *wie sie sind* aber sollte heißen: wozu wir sie durch ungerechten Zwang, durch verräterische, der Regierung an die Hand gegebene Anschläge *gemacht haben,* nämlich halsstarrig und zur Empörung geneigt; wo dann freilich, wenn sie ihre Zügel ein wenig sinken läßt, sich traurige Folgen ereignen, welche die Prophezeiung jener vermeintlich klugen Staatsmänner wahrnehmen.

Auch Geistliche weissagen gelegentlich den gänzlichen Verfall der Religion und die nahe Erscheinung des Antichrists; währenddessen sie gerade das tun, was erforderlich ist, ihn einzuführen, indem sie nämlich ihrer Gemeine nicht sittliche Grundsätze ans Herz zu legen bedacht sind, die geradezu aufs Bessern führen, sondern Observanzen und historischen Glauben zur wesentlichen Pflicht machen, die es indirekt bewirken sollen; woraus zwar mechanische Einhelligkeit als in einer bürgerlichen Verfassung, aber keine in der moralischen Gesinnung erwachsen kann: alsdann aber über Irreligiosität klagen, welche sie selber gemacht haben, die sie also auch ohne besondere Wahrsagergabe vorher verkündigen konnten.

3. Einteilung des Begriffs von dem, was man für die Zukunft vorherwissen will

Der Fälle, die eine Vorhersagung enthalten können, sind drei. Das menschliche Geschlecht ist entweder im kontinuierlichen *Rückgange* zum Ärgeren oder im beständigen *Fortgange* zum Besseren in seiner moralischen Bestimmung, oder im ewigen *Stillstande* auf der jetzigen Stufe seines sittlichen Wertes unter den Gliedern der Schöpfung (mit welchem die ewige Umdrehung im Kreise um denselben Punkt einerlei ist).

Die *erste* Behauptung kann man den moralischen *Terrorismus,* die *zweite* den *Eudämonismus,* (der, das Ziel des Fortschreitens im weiten Prospekt gesehen, auch *Chiliasmus* genannt werden würde), die *dritte* aber den *Abderitismus* nennen; weil da ein wahrer Stillstand im Moralischen nicht möglich ist, ein beständig wechselndes Steigen und ebenso öfteres und tiefes Zurückfallen (gleichsam ein ewiges Schwanken) nichts mehr austrägt, als ob das Subjekt auf derselben Stelle und im Stillstande geblieben wäre.

a) Von der terroristischen Vorstellungsart der Menschengeschichte

Der Verfall ins Ärgere kann im menschlichen Geschlechte nicht beständig fortwährend sein; denn bei einem gewissen Grade desselben würde es sich selbst aufreiben. Daher beim Anwachs großer wie Berge sich auftürmender Greueltaten und ihnen angemessener Übel gesagt wird: Nun kann es nicht mehr ärger werden, der jüngste Tag ist vor der Tür; und der fromme Schwärmer träumt nun schon von der Wiederbringung aller Dinge und einer erneuerten Welt, nachdem diese im Feuer untergegangen ist.

b) Von der eudämonistischen Vorstellungsart der Menschengeschichte

Daß die Masse des unserer Natur angearteten Guten und Bösen in der Anlage immer dieselbe bleibe und in demselben Individuum weder vermehrt noch vermindert werden könne, mag immer eingeräumt werden; – und wie sollte sich auch dieses Quantum des Guten in der Anlage vermehren lassen, da es durch die Freiheit des Subjekts geschehen müßte, wozu dieses aber wiederum eines größeren Fonds des Guten bedürfen würde, als es einmal hat? – Die Wirkungen können das Vermögen der wirkenden Ursache nicht übersteigen; und so kann das Quantum des mit dem Bösen im Menschen vermischten Guten ein gewisses Maß des letzteren nicht überschreiten, über welches er sich emporarbeiten und so auch immer zum noch Besseren fortschreiten könnte. Der Eudämonismus mit seinen sanguinischen Hoffnungen scheint also unhaltbar zu sein und zugunsten einer weissagenden Menschengeschichte, in Ansehung des immerwährenden weiteren Fortschreitens auf der Bahn des Guten, wenig zu versprechen.

c) Von der Hypothese des Abderitismus des Menschengeschlechts zur Vorherbestimmung seiner Geschichte

Diese Meinung möchte wohl die Mehrheit der Stimmen auf ihrer Seite haben. Geschäftige Torheit ist der Charakter unserer Gattung. In die Bahn des Guten schnell einzutreten, aber darauf nicht zu beharren, sondern, um ja nicht an einen einzigen Zweck gebunden zu sein, wenn es auch nur der Abwechslung wegen geschähe, den Plan des Fortschritts umzukehren, zu bauen, um niederreißen zu können, und sich selbst die hoffnungslose Bemühung aufzulegen, den Stein des Sisyphus bergan zu wälzen, um ihn wieder zurückrollen zu lassen. – Das Prinzip des Bösen in der Naturanlage des menschlichen Geschlechts scheint also hier mit dem des Guten nicht sowohl amalgamiert (verschmolzen) als vielmehr eines durch das andere neutralisiert zu sein; welches Tatlosigkeit zur Folge haben würde (die hier der Stillstand heißt): eine leere Geschäftigkeit, das Gute mit dem Bösen durch Vorwärts- und Rückwärtsgehen so abwechseln zu lassen, daß das ganze Spiel des Verkehrs unserer Gattung mit sich selbst auf diesem Glob als ein bloßes Possenspiel angesehen werden müßte, was ihr keinen größeren Wert in den Augen der Vernunft verschaffen kann, als den die anderen Tiergeschlechter haben, die dieses Spiel mit weniger Kosten und ohne Verstandesaufwand treiben.

4. Durch Erfahrung unmittelbar ist die Aufgabe des Fortschreitens nicht aufzulösen

Wenn das menschliche Geschlecht im ganzen betrachtet eine noch so lange Zeit vorwärtsgehend und im Fortschreiten begriffen gewesen zu sein befunden würde, so kann doch niemand dafür stehen, daß nun nicht gerade jetzt vermöge der physischen Anlage unserer Gattung die Epoche seines Rückganges eintrete; und umgekehrt, wenn es rücklings und mit beschleunigtem Falle zum Ärgeren geht, so darf man nicht verzagen, daß nicht eben da der Umwendungspunkt (punctum flexus contrarii) anzutreffen wäre, wo vermöge der moralischen Anlage in unserem Geschlecht der Gang desselben sich wiederum zum Besseren wendete. Denn wir haben es mit frei handelnden Wesen zu tun, denen sich zwar vorher *diktieren* läßt, was sie tun *sollen*, aber nicht *vorhersagen* läßt, was sie tun *werden*, und die aus dem Gefühl der Übel, die sie sich selbst zufügten, wenn es recht böse wird, eine verstärkte Triebfeder zu nehmen wissen, es nun doch besser zu machen, als es vor jenem Zustande war. – Aber „arme Sterbliche (sagt der Abt Coyer[32]), unter euch ist nichts beständig als die Unbeständigkeit!"

Vielleicht liegt es auch an unserer unrecht genommenen Wahl des Standpunktes, aus dem wir den Lauf menschlicher Dinge ansehen, daß dieser uns so widersinnig scheint. Die Planeten, von der Erde aus gesehen, sind bald rückgängig, bald stillstehend, bald fortgängig. Den Standpunkt aber von der Sonne aus genommen, welches nur die Vernunft tun kann, gehen sie nach der Kopernikanischen Hypothese beständig ihren regelmäßigen Gang fort. Es gefällt aber einigen, sonst nicht Unweisen, steif auf ihrer Erklärungsart der Erscheinungen und dem Standpunkte zu beharren, den sie einmal genommen haben: sollten sie sich darüber auch in Tychonische Zyklen[33] und Epizyklen bis zur Ungereimtheit verwickeln. – Aber das ist eben das Unglück, daß wir uns in diesen Standpunkt, wenn es die Vorhersagung freier Handlungen angeht, zu versetzen nicht vermögend sind. Denn das wäre der Standpunkt der *Vorsehung*, der über alle menschliche Weisheit hinausliegt, welche sich auch auf *freie* Handlungen des Menschen erstreckt, die von diesem zwar *gesehen*, aber mit Gewißheit nicht *vorhergesehen* werden kön-

nen (für das göttliche Auge ist hier kein Unterschied), weil
er zu dem letzteren den Zusammenhang nach Naturgesetzen bedarf, in Ansehung der künftigen *freien* Handlungen
aber dieser Leitung oder Hinweisung entbehren muß.

Wenn man dem Menschen einen angeborenen und unveränderlich guten, obzwar eingeschränkten Willen beilegen
dürfte, so würde er dieses Fortschreiten seiner Gattung
zum Besseren mit Sicherheit vorhersagen können; weil es
eine Begebenheit träfe, die er selbst machen kann. Bei der
Mischung des Bösen aber mit dem Guten in der Anlage, deren Maß er nicht kennt, weiß er selbst nicht, welcher Wirkung er sich davon gewärtigen könne.

5. An irgendeine Erfahrung muß doch die wahrsagende Geschichte des Menschengeschlechts angeknüpft werden

Es muß irgendeine Erfahrung im Menschengeschlechte vorkommen, die als Begebenheit auf eine Beschaffenheit und
ein Vermögen desselben hinweist. *Ursache* von dem Fortrük-
ken desselben zum Besseren und (da dieses die Tat eines
mit Freiheit begabten Wesens sein soll) *Urheber* desselben
zu sein; aus einer gegebenen Ursache aber läßt sich eine Begebenheit als Wirkung vorhersagen, wenn sich die Umstände ereignen, welche dazu mitwirkend sind. Daß diese
letzteren sich aber irgendeinmal ereignen müssen, kann,
wie beim Kalkül der Wahrscheinlichkeit im Spiel, wohl im
allgemeinen vorhergesagt, aber nicht bestimmt werden, ob
es sich in meinem Leben zutragen und ich die Erfahrung
davon haben werde, die jene Vorhersagung bestätigte. –
Also muß eine Begebenheit nachgesucht werden, welche
auf das Dasein einer solchen Ursache und auch auf den Akt
ihrer Kausalität im Menschengeschlechte unbestimmt in
Ansehung der Zeit hinweise, und die auf das Fortschreiten
zum Besseren, als unausbleibliche Folge, schließen ließe,
welcher Schluß dann auch auf die Geschichte der vergangenen Zeit (daß es immer im Fortschritt gewesen sei) ausge-
dehnt werden könnte, doch so, daß jene Begebenheit nicht
selbst als Ursache des letzteren, sondern nur als hindeu-
tend, als *Geschichtszeichen* (signum rememorativum, demonstrativum, prognosticum) angesehen werden müsse und so
die *Tendenz* des menschlichen Geschlechts im *ganzen*, d. i.

nicht nach den Individuen betrachtet (denn das würde eine nicht zu beendigende Aufzählung und Berechnung abgeben), sondern wie es in Völkerschaften und Staaten geteilt auf Erden angetroffen wird, beweisen könnte.

6. Von einer Begebenheit unserer Zeit, welche diese moralische Tendenz des Menschengeschlechts beweiset

Diese Begebenheit besteht nicht etwa in wichtigen von Menschen verrichteten Taten oder Untaten, wodurch, was groß war unter Menschen, klein oder, was klein war, groß gemacht wird, und wie gleich als durch Zauberei alte glänzende Staatsgebäude verschwinden, und andere an deren Statt, wie aus den Tiefen der Erde, hervorkommen. Nein, nichts von alledem. Es ist bloß die Denkungsart der Zuschauer, welche sich bei diesem Spiele großer Umwandlungen *öffentlich* verrät, und eine so allgemeine und doch uneigennützige Teilnehmung der Spielenden auf einer Seite gegen die auf der anderen, selbst mit Gefahr, diese Parteilichkeit könne ihnen sehr nachteilig werden, dennoch laut werden läßt, so aber (der Allgemeinheit wegen) einen Charakter des Menschengeschlechts im ganzen und zugleich (der Uneigennützigkeit wegen) einen moralischen Charakter desselben wenigstens in der Anlage beweiset, der das Fortschreiten zum Besseren nicht allein hoffen läßt, sondern selbst schon ein solches ist, soweit das Vermögen desselben für jetzt zureicht.

Die Revolution eines geistreichen Volkes, die wir in unseren Tagen haben vor sich gehen sehen, mag gelingen oder scheitern; sie mag mit Elend und Greueltaten dermaßen angefüllt sein, daß ein wohldenkender Mensch sie, wenn er sie zum zweitenmal unternehmend glücklich auszuführen hoffen könnte, doch das Experiment auf solche Kosten zu machen nie beschließen würde, – diese Revolution, sage ich, findet doch in den Gemütern aller Zuschauer (die nicht selbst in diesem Spiele mit verwickelt sind) eine *Teilnehmung* dem Wunsche nach, die nahe an Enthusiasmus grenzt, und deren Äußerung selbst mit Gefahr verbunden war, die also keine andere als eine moralische Anlage im Menschengeschlecht zur Ursache haben kann.

Diese moralische einfließende Ursache ist zwiefach: erstens

die des *Rechts*, daß ein Volk von anderen Mächten nicht gehindert werden müsse, sich eine bürgerliche Verfassung zu geben, wie sie ihm selbst gut zu sein dünkt; zweitens die des *Zwecks* (der zugleich Pflicht ist), daß diejenige Verfassung eines Volkes allein an sich *rechtlich* und moralisch gut sei, welche ihrer Natur nach so beschaffen ist, den Angriffskrieg nach Grundsätzen zu meiden, welche keine andere als die republikanische Verfassung, wenigstens der Idee nach, sein kann,* mithin in die Bedingung einzutreten, wodurch der Krieg (der Quell aller Übel und Verderbnis der Sitten) abgehalten und so dem Menschengeschlechte bei aller seiner Gebrechlichkeit der Fortschritt zum Besseren negativ gesichert wird, im Fortschreiten wenigstens nicht gestört zu werden.

Dies also und die Teilnehmung am Guten mit *Affekt*, der *Enthusiasmus*, ob er zwar, weil aller Affekt als ein solcher Tadel verdient, nicht ganz zu billigen ist, gibt doch vermittelst dieser Geschichte zu der für die Anthropologie wichtigen Bemerkung Anlaß: daß wahrer Enthusiasmus nur immer aufs *Idealische*, und zwar rein Moralische geht, dergleichen der Rechtsbegriff ist, und nicht auf den Eigennutz gepfropft werden kann. Durch Geldbelohnungen konnten die Gegner der Revolutionierenden zu dem Eifer und der See-

---

*Es ist aber hiermit nicht gemeint, daß ein Volk, welches eine monarchische Konstitution hat, sich damit das Recht anmaße, ja auch nur in sich geheim den Wunsch hege, sie abgeändert zu wissen; denn seine vielleicht sehr verbreitete Lage in Europa kann ihm jene Verfassung als die einzige anempfehlen, bei der es sich zwischen mächtigen Nachbarn erhalten kann. Auch ist das Murren der Untertanen nicht des inneren der Regierung halber, sondern wegen des Benehmens derselben gegen Auswärtige, wenn sie diese etwa am Republikanisieren hinderte, gar kein Beweis der Unzufriedenheit des Volkes mit seiner eigenen Verfassung, sondern vielmehr der Liebe für dieselbe, weil es wider eigene Gefahr desto mehr gesichert ist, je mehr sich andere Völker republikanisieren. – Dennoch haben verleumderische Sykophanten, um sich wichtig zu machen, diese unschuldige Kannegießerei für Neuerungssucht, Jakobinerei und Rottierung, die dem Staat Gefahr drohe, auszugeben gesucht; indessen daß auch nicht der mindeste Grund zu diesem Vorgeben da war, vornehmlich nicht in einem Lande, was vom Schauplatz der Revolution mehr als hundert Meilen entfernt war.

lengröße nicht gespannt werden, den der bloße Rechtsbegriff in ihnen hervorbrachte, und selbst der Ehrbegriff des alten kriegerischen Adels (ein Analogon des Enthusiasmus) verschwand vor den Waffen derer, welche das *Recht* des Volkes, wozu sie gehörten, ins Auge gefaßt hatten* und sich als Beschützer desselben dachten; mit welcher Exalta-

*Von einem solchen Enthusiasmus der Rechtsbehauptung für das menschliche Geschlecht kann man sagen: Postquam ad arma Vulcania ventum est, – mortalis mucro glacies ceu futilis ictu dissiluit.[34] – Warum hat es noch nie ein Herrscher gewagt, frei herauszusagen, daß er gar kein *Recht* des Volkes gegen ihn anerkenne; daß dieses seine Glückseligkeit bloß der *Wohltätigkeit* einer Regierung, die diese ihm angedeihen läßt, verdanke und alle Anmaßung des Untertans zu einem Recht gegen dieselbe (weil dieses den Begriff eines erlaubten Widerstands in sich enthält) ungereimt, ja gar strafbar sei? – Die Ursache ist: weil eine solche öffentliche Erklärung alle Untertanen gegen ihn empören würde; ob sie gleich wie folgsame Schafe, von einem gütigen und verständigen Herrn geleitet, wohlgefüttert und kräftig beschützt, über nichts, was ihrer Wohlfahrt abginge, zu klagen hätten. – Denn mit Freiheit begabten Wesen genügt nicht der Genuß der Lebensannehmlichkeit, die ihm auch von anderen (und hier von der Regierung) zuteil werden kann; sondern auf das *Prinzip* kommt es an, nach welchem er sich solche verschafft. Wohlfahrt aber hat kein Prinzip, weder für den, der sie empfängt, noch der sie austeilt (der eine setzt sie hierin, der andere darin), weil es dabei auf das *Materiale* des Willens ankommt, welches empirisch und so der Allgemeinheit einer Regel unfähig ist. Ein mit Freiheit begabtes Wesen kann und soll also im Bewußtsein dieses seines Vorzuges vor dem vernunftlosen Tier nach dem *formalen* Prinzip seiner Willkür keine andere Regierung für das Volk, wozu es gehört, verlangen als eine solche, in welcher dieses mit gesetzgebend ist: d. i. das Recht der Menschen, welche gehorchen sollen, muß notwendig vor aller Rücksicht auf Wohlbefinden vorhergehen, und dieses ist ein Heiligtum, das über allen Preis (der Nützlichkeit) erhaben ist, und welches keine Regierung, so wohltätig sie auch immer sein mag, antasten darf. – Aber dieses Recht ist doch immer nur eine Idee, deren Ausführung auf die Bedingung der Zusammenstimmung ihrer *Mittel* mit der Moralität eingeschränkt ist, welche das Volk nicht überschreiten darf; welches nicht durch Revolution, die jederzeit ungerecht ist, geschehen darf. – Autokratisch *herrschen* und dabei doch republikanisch, d. h. im Geiste des Republikanismus und nach einer Analogie mit demselben *regieren* ist das, was ein Volk mit seiner Verfassung zufrieden macht.

tion das äußere zuschauende Publikum dann, ohne die mindeste Absicht der Mitwirkung, sympathisierte.

7. Wahrsagende Geschichte der Menschheit

Es muß etwas *Moralisches* im Grundsatze sein, welches die Vernunft als rein, zugleich aber auch wegen des großen und Epoche machenden Einflusses als etwas, das die dazu anerkannte Pflicht der Seele des Menschen vor Augen stellt und das menschliche Geschlecht im ganzen seiner Vereinigung (non singulorum, sed universorum) angeht, dessen verhofftem Gelingen und den Versuchen zu demselben es mit so allgemeiner und uneigennütziger Teilnehmung zujauchzt. – Diese Begebenheit ist das Phänomen nicht einer Revolution, sondern (wie es Herr Erhard[35] ausdrückt) der *Evolution* einer *naturrechtlichen* Verfassung, die zwar nur unter wilden Kämpfen noch nicht selbst errungen wird – indem der Krieg von innen und außen alle bisher bestandene *statutarische* zerstört –, die aber doch dahin führt, zu einer Verfassung hinzustreben, welche nicht kriegstüchtig sein kann, nämlich der republikanischen: die es entweder selbst der *Staatsform* nach sein mag oder auch nur nach der *Regierungsart*, bei der Einheit des Oberhaupts (des Monarchen) den Gesetzen analogisch, die sich ein Volk selbst nach allgemeinen Rechtsprinzipien geben würde, den Staat verwalten zu lassen.

Nun behaupte ich, dem Menschengeschlechte nach den Aspekten und Vorzeichen unserer Tage die Erreichung dieses Zweckes und hiermit zugleich das von da an nicht mehr gänzlich rückgängig werdende Fortschreiten desselben zum Besseren auch ohne Sehergeist vorhersagen zu können. Denn ein solches Phänomen in der Menschengeschichte *vergißt sich nicht mehr,* weil es eine Anlage und ein Vermögen in der menschlichen Natur zum Besseren aufgedeckt hat, dergleichen kein Politiker aus dem bisherigen Laufe der Dinge herausgeklügelt hätte, und welches allein Natur und Freiheit, nach inneren Rechtsprinzipien im Menschengeschlechte vereinigt, aber, was die Zeit betrifft, nur als unbestimmt und Begebenheit aus Zufall, verheißen konnte.

Aber wenn der bei dieser Begebenheit beabsichtigte Zweck

auch jetzt nicht erreicht würde, wenn die Revolution oder Reform der Verfassung eines Volkes gegen das Ende doch fehlschlüge oder, nachdem diese einige Zeit gewährt hätte, doch wiederum alles ins vorige Gleis zurückgebracht würde (wie Politiker jetzt wahrsagern), so verliert jene philosophische Vorhersagung doch nichts von ihrer Kraft. – Denn jene Begebenheit ist zu groß, zu sehr mit dem Interesse der Menschheit verwebt und ihrem Einflusse nach auf die Welt in allen ihren Teilen zu ausgebreitet, als daß sie nicht den Völkern bei irgendeiner Veranlassung günstiger Umstände in Erinnerung gebracht und zu Wiederholung neuer Versuche dieser Art erweckt werden sollte; da dann bei einer für das Menschengeschlecht so wichtigen Angelegenheit endlich doch zu irgendeiner Zeit die beabsichtigte Verfassung diejenige Festigkeit erreichen muß, welche die Belehrung durch öftere Erfahrung in den Gemütern aller zu bewirken nicht ermangeln würde.

Es ist also ein nicht bloß gutgemeinter und in praktischer Absicht empfehlungswürdiger, sondern allen Ungläubigen zum Trotz auch für die strengste Theorie haltbarer Satz: daß das menschliche Geschlecht im Fortschreiten zum Besseren immer gewesen sei und so fernerhin fortgehen werde, welches, wenn man nicht bloß auf das sieht, was in irgendeinem Volk geschehen kann, sondern auch auf die Verbreitung über alle Völker der Erde, die nach und nach daran teilnehmen dürften, die Aussicht in eine unabsehliche Zeit eröffnet; wofern nicht etwa auf die erste Epoche einer Naturrevolution, die (nach Camper[36] und Blumenbach[37]) bloß das Tier- und Pflanzenreich, ehe noch Menschen waren, vergrub, noch eine zweite folgt, welche auch dem Menschengeschlechte ebenso mitspielt, um andere Geschöpfe auf diese Bühne treten zu lassen usw. Denn für die Allgewalt der Natur oder vielmehr ihrer uns unerreichbaren obersten Ursache ist der Mensch wiederum nur eine Kleinigkeit. Daß ihn aber auch die Herrscher von seiner eigenen Gattung dafür nehmen und als eine solche behandeln, indem sie ihn teils tierisch als bloßes Werkzeug ihrer Absichten belasten, teils in ihren Streitigkeiten gegeneinander aufstellen, um sie schlachten zu lassen, – das ist keine Kleinigkeit, sondern Umkehrung des *Endzwecks* der Schöpfung selbst.

8. *Von der Schwierigkeit der auf das Fortschreiten zum Weltbesten angelegten Maximen in Ansehung ihrer Publizität*

Volksaufklärung ist die öffentliche Belehrung des Volkes von seinen Pflichten und Rechten in Ansehung des Staates, dem es angehört. Weil es hier nur natürliche und aus dem gemeinen Menschenverstande hervorgehende Rechte betrifft, so sind die natürlichen Verkündiger und Ausleger derselben im Volk nicht die vom Staat bestellten amtsmäßigen, sondern freie Rechtslehrer, d. i. die Philosophen, welche eben um dieser Freiheit willen, die sie sich erlauben, dem Staate, der immer nur herrschen will, anstößig sind, und werden unter dem Namen *Aufklärer* als für den Staat gefährliche Leute verschrieen; obzwar ihre Stimme nicht *vertraulich* ans Volk (als welches davon und von ihren Schriften wenig oder gar keine Notiz nimmt), sondern *ehrerbietig* an den Staat gerichtet, und dieser jenes sein rechtliches Bedürfnis zu beherzigen angefleht wird; welches durch keinen anderen Weg als den der Publizität geschehen kann, wenn ein ganzes Volk seine Beschwerde (gravamen) vortragen will. So verhindert das *Verbot* der Publizität den Fortschritt eines Volkes zum Besseren selbst in dem, was das Mindeste seiner Forderung, nämlich bloß sein natürliches Recht angeht.

Eine andere, obzwar leicht durchzuschauende, aber doch gesetzmäßig einem Volk befohlene Verheimlichung ist die von der wahren Beschaffenheit seiner Konstitution. Es wäre Verletzung der Majestät des großbritannischen Volkes, von ihm zu sagen, es sei eine *unbeschränkte Monarchie;* sondern man will, es soll eine durch die zwei Häuser des Parlaments als Volksrepräsentanten den Willen des Monarchen *einschränkende* Verfassung sein, und doch weiß ein jeder sehr gut, daß der Einfluß desselben auf diese Repräsentanten so groß und so unfehlbar ist, daß von gedachten Häusern nichts anderes beschlossen wird, als was Er will und durch seinen Minister anträgt; der dann auch wohl einmal auf Beschlüsse anträgt, bei denen er weiß und es auch *macht,* daß ihm werde widersprochen werden (z. B. wegen des Negerhandels), um von der Freiheit des Parlaments einen scheinbaren Beweis zu geben. – Diese Vorstellung der Beschaffenheit der Sache hat das Trügliche an sich, daß die wahre zu Recht beständige Verfassung gar nicht mehr gesucht wird; weil man sie in einem schon vorhandenen Beispiel gefunden zu haben vermeint, und eine lügenhafte Publizität das Volk mit Vorspiegelung einer durch das von ihm ausgehende Gesetz *eingeschränkten Monarchie** täuscht, indessen daß seine Stellvertreter, durch Bestechung gewonnen, es insgeheim einem *absoluten Monarchen* unterwarfen.

Die Idee einer mit dem natürlichen Rechte der Menschen zusammenstimmenden Konstitution: daß nämlich die dem Gesetz Gehorchenden auch zugleich, vereinigt, gesetzgebend sein sollen, liegt bei allen Staatsformen zum Grunde, und das gemeine Wesen, welches, ihr gemäß durch reine Vernunftbegriffe gedacht, ein Platonisches *Ideal* heißt (respublica noumenon), ist nicht ein leeres Hirngespinst, sondern die ewige Norm für alle bürgerliche Verfassung überhaupt und entfernt allen Krieg. Eine dieser gemäß organisierte bürgerliche Gesellschaft ist die Darstellung derselben nach Freiheitsgesetzen durch ein Beispiel in der Erfahrung (respublica phaenomenon) und kann nur nach mannigfaltigen Befehdungen und Kriegen mühsam erworben werden; ihre Verfassung aber, wenn sie im großen einmal errungen worden, qualifiziert sich zur besten unter allen, um den Krieg, den Zerstörer alles Guten, entfernt zu halten: mithin

*Eine Ursache, deren Beschaffenheit man nicht unmittelbar einsieht, entdeckt sich durch die Wirkung, die ihr unausbleiblich anhängt. – Was ist ein *absoluter* Monarch? Es ist derjenige, auf dessen Befehl, wenn er sagt: Es soll Krieg sein, sofort Krieg ist. – Was ist dagegen ein *eingeschränkter* Monarch? Der, welcher vorher das Volk befragen muß, ob Krieg sein solle oder nicht, und sagt das Volk: Es soll nicht Krieg sein, so ist kein Krieg. – Denn Krieg ist ein Zustand, in welchem dem Staatsoberhaupte *alle* Staatskräfte zu Gebote stehen müssen. Nun hat der großbritannische Monarch recht viel Krieg geführt, ohne dazu jene Einwilligung zu suchen. Also ist dieser König ein absoluter Monarch, der er zwar der Konstitution nach nicht sein sollte; die er aber immer vorbeigehen kann, weil er eben durch jene Staatskräfte, nämlich daß er alle Ämter und Würden zu vergeben in seiner Macht hat, sich der Beistimmung der Volksrepräsentanten versichert halten kann. Dieses Bestechungssystem muß aber freilich nicht Publizität haben, um zu gelingen. Es bleibt daher unter dem sehr durchsichtigen Schleier des Geheimnisses.

ist es Pflicht, in eine solche einzutreten, vorläufig aber (weil jenes nicht sobald zustande kommt) Pflicht der Monarchen, ob sie gleich *autokratisch* herrschen, dennoch *republikanisch* (nicht demokratisch) zu regieren, d. i. das Volk nach Prinzipien zu behandeln, die dem Geiste der Freiheitsgesetze (wie ein Volk mit reifer Vernunft sie sich selbst vorschreiben würde) gemäß sind, wenngleich dem Buchstaben nach es um seine Einwilligung nicht befragt würde.

9. Welchen Ertrag wird der Fortschritt zum Besseren dem Menschengeschlechte abwerfen?

Nicht ein immer wachsendes Quantum der *Moralität* in der Gesinnung, sondern Vermehrung der Produkte ihrer *Legalität* in pflichtmäßigen Handlungen, durch welche Triebfeder sie auch veranlaßt sein mögen; d. i. in die guten *Taten* der Menschen, die immer zahlreicher und besser ausfallen werden, also in die Phänomene der sittlichen Beschaffenheit des Menschengeschlechts wird der Ertrag (das Resultat) der Bearbeitung desselben zum Besseren allein gesetzt werden können. – Denn wir haben nur empirische Data (Erfahrungen), worauf wir diese Vorhersagung gründen; nämlich auf die physische Ursache unserer Handlungen, insofern sie geschehen, die also selbst Erscheinungen sind, nicht die moralische, welche den Pflichtbegriff von dem enthält, was geschehen sollte, und der allein rein, a priori, aufgestellt werden kann.

Allmählich wird der Gewalttätigkeit von seiten der Mächtigen weniger, der Folgsamkeit in Ansehung der Gesetze mehr werden. Es wird etwa mehr Wohltätigkeit, weniger Zank in Prozessen, mehr Zuverlässigkeit im Worthalten usw. teils aus Ehrliebe, teils aus wohlverstandenem eigenen Vorteil im gemeinen Wesen entspringen, und sich endlich dies auch auf die Völker im äußeren Verhältnis gegeneinander bis zur weltbürgerlichen Gesellschaft erstrecken, ohne daß dabei die moralische Grundlage im Menschengeschlechte im mindesten vergrößert werden darf; als wozu auch eine Art von neuer Schöpfung (übernatürlicher Einfluß) erforderlich sein würde. – Denn wir müssen uns von Menschen in ihren Fortschritten zum Besseren auch nicht zuviel versprechen, um nicht in den Spott des Politikers

mit Grunde zu verfallen, der die Hoffnung des ersteren
gern für Träumerei eines überspannten Kopfes halten
möchte.*

10. In welcher Ordnung allein kann der Fortschritt zum Besseren erwartet werden?

Die Antwort ist: Nicht durch den Gang der Dinge *von unten
hinauf,* sondern den *von oben herab.* – Zu erwarten, daß durch
Bildung der Jugend in häuslicher Unterweisung und weiterhin in Schulen, von den niedrigsten an bis zu den höchsten,
in Geistes- und moralischer, durch Religionslehre verstärk-
ter Kultur, es endlich dahin kommen werde, nicht bloß gute
Staatsbürger, sondern zum Guten, was immer weiter fortschreiten und sich erhalten kann, zu erziehen, ist ein Plan,
der den erwünschten Erfolg schwerlich hoffen läßt. Denn
nicht allein, daß das Volk dafürhält, daß die Kosten der Erziehung seiner Jugend nicht ihm, sondern dem Staate zu
Lasten kommen müssen, der Staat aber dagegen seinerseits
zu Besoldung tüchtiger und mit Lust ihrem Amte obliegen-
der Lehrer kein Geld übrig hat (wie *Büsching*[43] klagt), weil er
alles zum Kriege braucht; sondern das ganze Maschinenwe-
sen dieser Bildung hat keinen Zusammenhang, wenn es
nicht nach einem überlegten Plane der obersten Staats-
macht und nach dieser ihrer Absicht entworfen, ins Spiel
gesetzt und darin auch immer gleichförmig erhalten wird;

*Es ist doch *süß,* sich Staatsverfassungen auszudenken, die den For-
derungen der Vernunft (vornehmlich in rechtlicher Absicht) ent-
sprechen; aber *vermessen,* sie vorzuschlagen, und *strafbar,* das Volk
zur Abschaffung der jetzt bestehenden aufzuwiegeln.
Platos[38] Atlantica, *Morus'*[39] Utopia, *Harringtons*[40] Oceana und *Allais'*[41]
Severambia sind nach und nach auf die Bühne gebracht, aber nie
(*Cromwells'*[42] verunglückte Mißgeburt einer despotischen Republik
ausgenommen) auch nur versucht worden. – Es ist mit diesen
Staatsschöpfungen wie mit der Weltschöpfung zugegangen; kein
Mensch war dabei zugegen, noch konnte er bei einer solchen ge-
genwärtig sein, weil er sonst sein eigener Schöpfer hätte sein müssen. Ein Staatsprodukt, wie man es hier denkt, als dereinst, so spät
es auch sei, als vollendet zu hoffen, ist ein süßer Traum: aber sich
ihm immer zu nähern, nicht allein *denkbar,* sondern, soweit es mit
dem moralischen Gesetze zusammen bestehen kann, *Pflicht,* nicht
der Staatsbürger, sondern des Staatsoberhaupts.

wozu wohl gehören möchte, daß der Staat sich von Zeit zu Zeit auch selbst reformiere und, statt Revolution Evolution versuchend, zum Besseren beständig fortschreite. Da es aber doch auch *Menschen* sind, welche diese Erziehung bewirken sollen, mithin solche, die dazu selbst haben gezogen werden müssen: so ist bei dieser Gebrechlichkeit der menschlichen Natur, unter der Zufälligkeit der Umstände, die einen solchen Effekt begünstigen, die Hoffnung ihres Fortschreitens nur in einer Weisheit von oben herab (welche, wenn sie uns unsichtbar ist, Vorsehung heißt), als positiver Bedingung, für das aber, was hierin von *Menschen* erwartet und gefordert werden kann, bloß negative Weisheit zur Beförderung dieses Zwecks zu erwarten, nämlich daß sie das größte Hindernis des Moralischen, nämlich den *Krieg,* der diesen immer zurückgängig macht, erstlich nach und nach menschlicher, darauf seltener, endlich als Angriffskrieg ganz schwinden zu lassen sich genötigt sehen werden, um eine Verfassung einzuschlagen, die ihrer Natur nach, ohne sich zu schwächen, auf echte Rechtsprinzipien gegründet, beharrlich zum Besseren fortschreiten kann.

Beschluß

Ein Arzt, der seinen Patienten von Tag zu Tag auf baldige Genesung vertröstete: den einen, daß der Puls besser schlüge, den anderen, daß der Auswurf, den dritten, daß der Schweiß Besserung verspräche usw., bekam einen Besuch von einem seiner Freunde. Wie geht's, Freund, mit Eurer Krankheit? war die erste Frage. Wie wird's gehen? *Ich sterbe vor lauter Besserung!* – Ich verdenke es keinem, wenn er in Ansehung der Staatsübel an dem Heil des Menschengeschlechts und dem Fortschreiten desselben zum Besseren zu verzagen anhebt; allein ich verlasse mich auf das heroische Arzneimittel, welches *Hume* anführt und eine schnelle Kur bewirken dürfte. – „Wenn ich jetzt" (sagt er) „die Nationen im Kriege gegeneinander begriffen sehe, so ist es, als ob ich zwei besoffene Kerle sähe, die sich in einem Porzellanladen mit Prügeln herumschlagen. Denn nicht genug, daß sie an den Beulen, die sie sich wechselseitig geben, lange zu heilen haben, so müssen sie hinterher noch allen den Schaden bezahlen, den sie anrichteten." Sero sapiunt

Phryges.[44] Die Nachwehen des gegenwärtigen Krieges aber können dem politischen Wahrsager das Geständnis einer nahe bevorstehenden Wendung des menschlichen Geschlechts zum Besseren abnötigen, das schon jetzt im Prospekt ist.

DRITTER ABSCHNITT

Der Streit der philosophischen Fakultät mit der medizinischen

VON DER MACHT DES GEMÜTS, DURCH DEN BLOSSEN VORSATZ
SEINER KRANKHAFTEN GEFÜHLE MEISTER ZU SEIN

Ein Antwortschreiben an Herrn Hofrat und Professor Hufeland[45]

Daß meine Danksagung für das den 12. Dezember 1796 an mich bestellte Geschenk Ihres lehrreichen und angenehmen Buches *„Von der Kunst, das menschliche Leben zu verlängern"*, selbst auf ein langes Leben berechnet gewesen sein dürfte, möchten Sie vielleicht aus dem Datum dieser meiner Antwort vom Januar *dieses* Jahres [1798] zu schließen Ursache haben; wenn das Altgewordensein nicht schon die öftere *Vertagung* (procrastinatio) wichtiger Beschlüsse bei sich führte, dergleichen doch wohl der des Todes ist, welcher sich immer zu früh für uns anmeldet und den man warten zu lassen an Ausreden unerschöpflich ist.
Sie verlangen von mir „ein Urteil über ihr Bestreben, das Physische im Menschen moralisch zu behandeln; den ganzen, auch physischen Menschen als ein auf Moralität berechnetes Wesen darzustellen und die moralische Kultur als unentbehrlich zur physischen Vollendung der überall nur in der Anlage vorhandenen Menschennatur zu zeigen", und setzen hinzu: „wenigstens kann ich versichern, daß es keine vorgefaßte Meinungen waren, sondern ich durch die Arbeit und Untersuchung selbst unwiderstehlich in diese Behandlungsart hineingezogen wurde." – Eine solche Ansicht der Sache verrät den Philosophen, nicht den bloßen Vernunftkünstler; einen Mann, der nicht allein gleich einem der Direktoren des französischen Konvents die von der Vernunft verordneten *Mittel* der Ausführung (technisch), wie sie die Erfahrung darbietet, zu seiner Heilkunde mit Geschicklichkeit, sondern als gesetzgebendes Glied im Korps der Ärzte aus der reinen Vernunft hernimmt, welche zu dem, was *hilft*, mit Geschicklichkeit auch das, was zugleich an sich

95

Pflicht ist, mit Weisheit zu verordnen weiß; so daß moralisch-praktische Philosophie zugleich eine Universalmedizin abgibt, die zwar nicht allein für alles hilft, aber doch in keinem Rezepte mangeln kann.

Dieses Universalmittel betrifft aber nur die *Diätetik*, d. i. es wirkt nur *negativ*, als Kunst, Krankheiten *abzuhalten.* Der gleichen Kunst aber setzt ein Vermögen voraus, das nur Philosophie oder der Geist derselben, den man schlechthin voraussetzen muß, geben kann. Auf diesen bezieht sich die oberste diätetische Aufgabe, welche in dem Thema enthalten ist:

Von der Macht des Gemüts des Menschen, über seine krankhaften Gefühle durch den bloßen festen Vorsatz Meister zu sein.

Die die Möglichkeit dieses Ausspruchs bestätigenden Beispiele kann ich nicht von der Erfahrung *anderer* hernehmen, sondern zuerst nur von der an mir selbst angestellten; weil sie aus dem Selbstbewußtsein hervorgeht und sich nachher allererst andere fragen läßt: ob es nicht auch sie ebenso in sich wahrnehmen? – Ich sehe mich also genötigt, mein *Ich laut* werden zu lassen; was im dogmatischen* Vortrage Unbescheidenheit verrät, aber Verzeihung verdient, wenn es nicht gemeine Erfahrung, sondern ein inneres Experiment oder Beobachtung betrifft, welche ich zuerst an mir selbst angestellt haben muß, um etwas, was nicht jedermann von selbst und ohne darauf geführt zu sein beifällt, zu seiner Beurteilung vorzulegen. – Es würde tadelhafte Anmaßung sein, andere mit der inneren Geschichte meines Gedankenspiels unterhalten zu wollen, welche zwar subjektive Wichtigkeit (für mich), aber keine objektive (für jedermann geltende) enthielten. Wenn aber dieses Aufmerken auf sich selbst und die daraus hervorgehende Wahrnehmung nicht so gemein ist, sondern daß jeder dazu aufgefordert werde, eine Sache ist, die es bedarf und verdient, so kann dieser Übelstand, mit seinen Privatempfindungen andere zu unterhalten, wenigstens verziehen werden.

*Im dogmatisch-praktischen Vortrage, z. B. derjenigen Beobachtung seiner selbst, die auf Pflichten abzweckt, die jedermann angehen, spricht der Kanzelredner nicht durch *Ich,* sondern *Wir.* In dem erzählenden aber der Privatempfindung (der Beichte, welche der Patient seinem Arzte ablegt) oder eigener Erfahrung an sich selbst muß er durch Ich reden.

96

Ehe ich nun mit dem Resultat meiner in Absicht auf Diätetik angestellten Selbstbeobachtung aufzutreten wage, muß ich noch etwas über die Art bemerken, wie Herr Hufeland die Aufgabe der *Diätetik,* d. i. der Kunst stellt, Krankheiten *vorzubeugen,* im Gegensatz mit der *Therapeutik,* sie zu *heilen.*

Sie heißt ihm „die Kunst, das menschliche Leben zu verlängern".

Er nimmt seine Benennung von demjenigen her, was die Menschen am sehnsüchtigsten wünschen, ob es gleich vielleicht weniger wünschenswert sein dürfte. Sie möchten zwar gern zwei Wünsche zugleich tun: nämlich *lange zu leben* und dabei *gesund zu sein;* aber der erstere Wunsch hat den letzteren nicht zur notwendigen Bedingung, sondern er ist unbedingt. Laßt den Hospitalkranken jahrelang auf seinem Lager leiden und darben und ihn oft wünschen hören, daß ihn der Tod je eher, je lieber von dieser Plage erlösen möge; glaubt ihm nicht, es ist nicht sein Ernst. Seine Vernunft sagt es ihm zwar vor, aber der Naturinstinkt will es anders. Wenn er dem Tode als seinem Befreier (Jovi liberatori) winkt, so verlangt er doch immer noch eine kleine Frist und hat immer irgendeinen Vorwand zur *Vertagung* (procrastinatio) seines peremtorischen Dekrets. Der in wilder Entrüstung gefaßte Entschluß des Selbstmörders, seinem Leben ein Ende zu machen, macht hiervon keine Ausnahme; denn er ist die Wirkung eines bis zum Wahnsinn exaltierten Affekts. – Unter den zwei Verheißungen für die Befolgung der Kindespflicht („auf daß dir es wohlgehe und du lange lebest auf Erden") enthält die letztere die stärkere Triebfeder, selbst im Urteile der Vernunft, nämlich als Pflicht, deren Beobachtung zugleich *verdienstlich* ist.

Die Pflicht, das *Alter zu ehren,* gründet sich nämlich eigentlich nicht auf die billige Schonung, die man den Jüngeren gegen die Schwachheit der Alten zumutet; denn sie ist kein Grund zu einer ihnen schuldigen *Achtung.* Das Alter will also noch für etwas *Verdienstliches* angesehen werden; weil ihm eine *Verehrung* zugestanden wird. Also nicht etwa, weil Nestorjahre zugleich durch viele und lange Erfahrung erworbene *Weisheit* zu Leitung der jüngeren Welt bei sich führen, sondern bloß weil, wenn nur keine Schande dasselbe befleckt hat, der Mann, welcher sich so lange erhalten hat,

d. i. der Sterblichkeit als dem demütigendsten Ausspruch, der über ein vernünftiges Wesen nur gefällt werden kann („du bist Erde und sollst zur Erde werden"), so lange hat ausweichen und gleichsam der Unsterblichkeit hat abgewinnen können, weil, sage ich, ein solcher Mann sich so lange lebend erhalten und zum Beispiel aufgestellt hat.

Mit der Gesundheit, als dem zweiten natürlichen Wunsche, ist es dagegen nur mißlich bewandt. Man kann sich gesund *fühlen* (aus dem behaglichen Gefühl seines Lebens urteilen), nie aber *wissen*, daß man gesund sei. – Jede Ursache des natürlichen Todes ist Krankheit, man mag sie fühlen oder nicht. – Es gibt viele, von denen, ohne sie eben verspotten zu wollen, man sagt, daß sie für immer *kränkeln*, nie *krank* werden können; deren Diät ein immer wechselndes Abschweifen und wieder Einbeugen ihrer Lebensweise ist, und die es im Leben, wenngleich nicht den Kraftäußerungen, doch der Länge nach weit bringen. Wieviel aber meiner Freunde oder Bekannten habe ich nicht überlebt, die sich bei einer einmal angenommenen ordentlichen Lebensart einer völligen Gesundheit rühmten; indessen daß der Keim des Todes (die Krankheit), der Entwicklung nahe, unbemerkt in ihnen lag und der, welcher sich gesund *fühlte*, nicht *wußte*, daß er krank war; denn die *Ursache* eines natürlichen Todes kann man doch nicht anders als Krankheit nennen. Die *Kausalität* aber kann man nicht fühlen, dazu gehört Verstand, dessen Urteil irrig sein kann; indessen daß das Gefühl untrüglich ist, aber nur dann, wenn man sich krankhaft *fühlt*, diesen Namen führt; *fühlt* man sich aber so auch nicht, doch gleichwohl in dem Menschen verborgenerweise und zur baldigen Entwicklung bereitliegen kann; daher der Mangel dieses Gefühls keinen anderen Ausdruck der Menschen für sein Wohlbefinden verstattet, als daß er *scheinbarlich* gesund sei. Das lange Leben also, wenn man dahin zurücksieht, kann nur die *genossene* Gesundheit bezeugen, und die Diätetik wird vor allem in der Kunst, das Leben zu *verlängern* (nicht es zu *genießen)*, ihre Geschicklichkeit oder Wissenschaft zu beweisen haben; wie es auch Herr Hufeland so ausgedrückt haben will.

Grundsatz der Diätetik

Auf *Gemächlichkeit* muß die Diätetik nicht berechnet werden; denn diese Schonung seiner Kräfte und Gefühle ist Verzärtelung, d. i. sie hat Schwäche und Kraftlosigkeit zur Folge und ein allmähliches Erlöschen der Lebenskraft aus Mangel der Übung sowie eine Erschöpfung derselben durch zu häufigen und starken Gebrauch derselben. Der *Stoizismus*, als Prinzip der Diätetik (sustine et abstine),[46] gehört also nicht bloß zur praktischen *Philosophie* als *Tugendlehre*, sondern auch zu ihr als *Heilkunde*. – Diese ist alsdann *philosophisch*, wenn bloß die Macht der Vernunft im Menschen, über seine sinnlichen Gefühle durch einen sich selbst gegebenen Grundsatz Meister zu sein, die Lebensweise bestimmt. Dagegen, wenn sie diese Empfindungen zu erregen oder abzuwehren, die Hilfe *außer sich* in körperlichen Mitteln (der Apotheke oder der Chirurgie) sucht, sie bloß empirisch und mechanisch ist.

Die *Wärme*, der *Schlaf*, die sorgfältige *Pflege* des nicht Kranken sind solche *Verwöhnungen* der Gemächlichkeit.

1. Ich kann, der Erfahrung an mir selbst gemäß, der Vorschrift nicht beistimmen: „Man soll Kopf und Füße warm halten." Ich finde es dagegen geratener, beide kalt zu halten (wozu die Russen auch die Brust zählen), gerade der Sorgfalt wegen, *um mich nicht zu verkälten.* – Es ist freilich gemächlicher, im laulichen Wasser sich die Füße zu waschen, als es zur Winterszeit mit beinahe eiskaltem zu tun; dafür aber entgeht man dem Übel der Erschlaffung der Blutgefäße in so weit vom Herzen entlegenen Teilen, welches im Alter oft eine nicht mehr zu hebende Krankheit der Füße nach sich zieht. – Den Bauch, vornehmlich bei kalter Witterung, warm zu halten, möchte eher zur diätetischen Vorschrift statt der Gemächlichkeit gehören; weil er Gedärme in sich schließt, die einen langen Gang hindurch einen nicht flüssigen Stoff forttreiben sollen, wozu der sogenannte Schmachtriemen (ein breites, den Unterleib haltendes und die Muskeln desselben unterstützendes Band) bei Alten, aber eigentlich nicht der Wärme wegen gehört.

2. *Lange* oder (wiederholentlich, durch Mittagsruhe) *viel schlafen* ist freilich ebensoviel Ersparnis am Ungemache, was überhaupt das Leben im Wachen unvermeidlich bei sich

führt, und es ist wunderlich genug, sich ein langes Leben zu wünschen, um es größtenteils zu verschlafen. Aber das, worauf es hier eigentlich ankommt, dieses vermeinte Mittel des langen Lebens, die Gemächlichkeit, widerspricht sich in seiner Absicht selbst. Denn das wechselnde Erwachen und Wiedereinschlummern in langen Winternächten ist für das ganze Nervensystem lähmend, zermalmend und in täuschender Ruhe krafterschöpfend; mithin die Gemächlichkeit hier eine Ursache der Verkürzung des Lebens. – Das Bett ist das Nest einer Menge von Krankheiten.

3. Im Alter sich zu *pflegen* oder pflegen zu lassen, bloß um seine Kräfte, durch die Vermeidung der Ungemächlichkeit (z. B. des Ausgehens in schlimmem Wetter) oder überhaupt die Übertragung der Arbeit an andere, die man selbst verrichten könnte, zu *schonen,* so aber das Leben zu verlängern, diese Sorgfalt bewirkt gerade das Widerspiel, nämlich das frühe Altwerden und Verkürzung des Lebens. – – Auch daß sehr alt Gewordene *mehrenteils verehelichte*[47] Personen gewesen wären, möchte schwer zu beweisen sein. – In einigen Familien ist das Altwerden erblich, und die Paarung in einer solchen kann wohl einen Familienschlag dieser Art begründen. Es ist auch kein übles politisches Prinzip zu Beförderung der Ehen, das gepaarte Leben als ein langes Leben anzupreisen; obgleich die Erfahrung immer verhältnisweise nur wenig Beispiele davon an die Hand gibt von solchen, die nebeneinander vorzüglich alt geworden sind; aber die Frage ist hier nur vom physiologischen Grunde des Altwerdens, – wie es die Natur verfügt, nicht vom politischen, wie die Konvenienz des Staates die öffentliche Meinung seiner Absicht gemäß gestimmt zu sein verlangt. – Übrigens ist das *Philosophieren,* ohne darum eben Philosoph zu sein, auch ein Mittel der Abwehrung mancher unangenehmer Gefühle und doch zugleich *Agitation* des Gemüts, welches in seine Beschäftigung ein Interesse bringt, das von äußeren Zufälligkeiten unabhängig und eben darum, obgleich nur als Spiel, dennoch kräftig und inniglich ist und die Lebenskraft nicht stocken läßt. Dagegen *Philosophie,* die ihr Interesse am Ganzen des Endzwecks der Vernunft (der eine absolute Einheit ist) hat, ein Gefühl der Kraft bei sich führt, welches die körperlichen Schwächen des Alters in gewissem Maße durch vernünftige Schätzung des Wertes des Le-

bens wohl vergüten kann. – Aber neu sich eröffnende Aussichten in Erweiterung seiner Erkenntnisse, wenn sie auch gerade nicht zur Philosophie gehörten, leisten doch auch ebendasselbe oder etwas dem Ähnliches; und sofern der Mathematiker hieran ein *unmittelbares Interesse* (nicht als an einem Werkzeuge zu anderer Absicht) nimmt, so ist er insofern auch Philosoph und genießt die Wohltätigkeit einer solchen Erregungsart seiner Kräfte in einem verjüngten und ohne Erschöpfung verlängerten Leben.

Aber auch bloße Tändeleien in einem sorgenfreien Zustande leisten als Surrogate bei eingeschränkten Köpfen fast ebendasselbe, und die mit Nichtstun immer vollauf zu tun haben, werden gemeiniglich auch alt. – Ein sehr bejahrter Mann fand dabei ein großes Interesse, daß die vielen Stutzuhren in seinem Zimmer immer nacheinander, keine mit der anderen zugleich, schlagen mußten; welches ihn und den Uhrmacher den Tag über genug beschäftigte und dem letzteren zu verdienen gab. Ein anderer fand in der Abfütterung und Kur seiner Singvögel hinreichende Beschäftigung, um die Zeit zwischen seiner eigenen Abfütterung und dem Schlaf auszufüllen. Eine alte begüterte Frau fand diese Ausfüllung am Spinnrade, unter dabei eingemischten unbedeutenden Gesprächen, und klagte daher in ihrem sehr hohen Alter gleich als über den Verlust einer guten Gesellschaft, daß, da sie nunmehr den Faden zwischen den Fingern nicht mehr fühlen könnte, sie vor Langerweile zu sterben Gefahr liefe.

Doch damit mein Diskurs über das lange Leben Ihnen nicht auch Langeweile machen und eben dadurch gefährlich werde, will ich der Sprachseligkeit, die man als einen Fehler des Alters zu belächeln, wenngleich nicht zu schelten pflegt, hiermit Grenzen setzen.

1. *Von der Hypochondrie*

Die Schwäche, sich seinen krankhaften Gefühlen überhaupt, ohne ein bestimmtes Objekt, mutlos zu überlassen (mithin ohne den Versuch zu machen, über sie durch die Vernunft Meister zu werden) – die *Grillenkrankheit* (hypochondria vaga),* welche gar keinen bestimmten Sitz im

---

*Zum Unterschiede von der *topischen* (hypochondria intestinalis).

Körper hat und ein Geschöpf der Einbildungskraft ist und daher auch die *dichtende* heißen könnte, – wo der Patient alle Krankheiten, von denen er in Büchern liest, an sich zu bemerken glaubt, ist das gerade Widerspiel jenes Vermögens des Gemüts, über seine krankhaften Gefühle Meister zu sein, nämlich Verzagtheit, über Übel, welche Menschen zustoßen *könnten,* zu brüten, ohne, wenn sie kämen, ihnen widerstehen zu können: eine Art von Wahnsinn, welchem freilich wohl irgendein Krankheitsstoff (Blähung oder Verstopfung) zum Grunde liegen mag, der aber nicht unmittelbar, wie er den Sinn affiziert, gefühlt, sondern als bevorstehendes Übel von der dichtenden Einbildungskraft vorgespiegelt wird; wo dann der Selbstquäler (heautontimorumenos[48]) statt sich selbst zu ermannen, vergeblich die Hilfe des Arztes aufruft; weil nur er selbst, durch die Diätetik seines Gedankenspiels, belästigende Vorstellungen, die sich unwillkürlich einfinden, und zwar von Übeln, wider die sich doch nichts veranstalten ließe, wenn sie sich wirklich einstellten, aufheben kann. – Von dem, der mit dieser Krankheit behaftet, und solange er es ist, kann man nicht verlangen, er solle seiner krankhaften Gefühle durch den bloßen Vorsatz Meister werden. Denn wenn er dieses könnte, so wäre er nicht hypochondrisch. Ein vernünftiger Mensch *statuiert* keine solche Hypochondrie; sondern, wenn ihn Beängstigungen anwandeln, die in Grillen, d. i. selbst ausgedachte Übel ausschlagen wollen, so fragt er sich, ob ein Objekt derselben dasei. Findet er keines, welches gegründete Ursache zu dieser Beängstigung abgeben kann, oder sieht er ein, daß, wenn auch gleich ein solches wirklich wäre, doch dabei nichts zu tun möglich sei, um seine Wirkung abzuwenden, so geht er mit diesem Anspruche seines inneren Gefühls zur Tagesordnung, d. i. er läßt seine Beklommenheit (welche alsdann bloß topisch ist) an ihrer Stelle liegen (als ob sie ihn nichts anginge) und richtet seine Aufmerksamkeit auf die Geschäfte, mit denen er zu tun hat.

Ich habe wegen meiner flachen und engen Brust, die für die Bewegung des Herzens und der Lunge wenig Spielraum läßt, eine natürliche Anlage zur Hypochondrie, welche in früheren Jahren bis an den Überdruß des Lebens grenzte. Aber die Überlegung, daß die Ursache dieser Herzbeklemmung vielleicht bloß mechanisch und nicht zu heben sei, brachte es bald dahin, daß ich mich an sie gar nicht kehrte und, währenddessen daß ich mich in der Brust beklommen fühlte, im Kopf doch Ruhe und Heiterkeit herrschte, die sich auch in der Gesellschaft, nicht nach abwechselnden Launen (wie Hypochondrische pflegen), sondern absichtlich und natürlich mitzuteilen nicht ermangelte. Und da man des Lebens mehr froh wird durch das, was man im freien Gebrauch desselben *tut*, als was man *genießt*, so können Geistesarbeiten eine andere Art von befördertem Lebensgefühl den Hemmungen entgegensetzen, welche bloß den Körper angehen. Die Beklemmung ist mir geblieben; denn ihre Ursache liegt in meinem körperlichen Bau. Aber über ihren Einfluß auf meine Gedanken und Handlungen bin ich Meister geworden, durch Abkehrung der Aufmerksamkeit von diesem Gefühle, als ob es mich gar nicht anginge.

2. *Vom Schlafe*

Was die Türken nach ihren Grundsätzen der Prädestination über die Mäßigkeit sagen: daß nämlich im Anfange der Welt jedem Menschen die Portion zugemessen worden, wieviel er im Leben zu essen haben werde, und wenn er sein beschieden Teil in großen Portionen verzehrt, er auf eine desto kürzere Zeit zu *essen*, mithin zu *sein* sich Rechnung machen könne: das kann in einer Diätetik als *Kinderlehre* (denn im Genießen müssen auch Männer von Ärzten oft als Kinder behandelt werden) auch zur Regel dienen: nämlich, daß jedem Menschen von Anbeginn her vom Verhängnisse seine Portion *Schlaf* zugemessen worden, und der, welcher von seiner Lebenszeit in Mannesjahren zu viel (über das Dritteil) dem Schlafen eingeräumt hat, sich nicht eine lange Zeit zu schlafen, d. i. zu leben und alt zu werden versprechen darf. – Wer dem Schlaf als süßem Genuß im Schlummern (der *Siesta* der Spanier) oder als Zeitkürzung (in langen Winternächten) viel mehr als ein Dritteil seiner Lebenszeit einräumt, oder ihn sich auch teilweise (mit Absätzen) nicht in einem Stück für jeden Tag zumißt, verrechnet sich sehr in Ansehung seines *Lebensquantums*, teils dem Grade, teils der Länge nach. – Da nun schwerlich ein

Mensch wünschen wird, daß der Schlaf überhaupt gar nicht Bedürfnis für ihn wäre (woraus doch wohl erhellt, daß er das lange Leben als eine lange Plage fühlt, von dem, soviel er verschlafen, ebensoviel Mühseligkeit zu tragen er sich erspart hat), so ist es geratener, fürs Gefühl sowohl als für die Vernunft, dieses genuß- und tatleere Drittel ganz auf eine Seite zu bringen und es der unentbehrlichen Naturrestauration zu überlassen; doch mit einer genauen Abgemessenheit der Zeit, von wo an und wie lange sie dauern soll.

Es gehört unter die krankhaften Gefühle, zu der bestimmten und gewohnten Zeit nicht schlafen oder auch sich nicht wach halten zu können; vornehmlich aber das erstere: in dieser Absicht sich zu Bette zu legen und doch schlaflos zu liegen. – Sich alle *Gedanken* aus dem Kopf zu schlagen, ist zwar der gewöhnliche Rat, den der Arzt gibt; aber sie oder andere an ihrer Stelle kommen wieder und erhalten wach. Es ist kein anderer diätetischer Rat, als beim inneren Wahrnehmen oder Bewußtwerden irgendeines sich regenden Gedankens die Aufmerksamkeit davon sofort abzuwenden (gleich als ob man mit geschlossenen Augen diese auf eine andere Seite kehrte); wo dann durch das Abbrechen jedes Gedankens, den man inne wird, allmählich eine Verwirrung der Vorstellungen entspringt, dadurch das Bewußtsein seiner körperlichen (äußeren) Lage aufgehoben wird, und eine ganz verschiedene Ordnung, nämlich ein unwillkürliches Spiel der Einbildungskraft (das im gesunden Zustande der *Traum* ist) eintritt, in welchem durch ein bewundernswürdiges Kunststück der tierischen Organisation der Körper für die animalischen Bewegungen *abgespannt,* für die Vitalbewegung aber innigst *agitiert* wird, und zwar durch *Träume,* die, wenn wir uns gleich derselben im Erwachen nicht erinnern, gleichwohl nicht haben ausbleiben können; weil sonst bei gänzlicher Ermangelung derselben, wenn die Nervenkraft, die vom Gehirn, dem Sitze der Vorstellungen, ausgeht, nicht mit der Muskelkraft der Eingeweide vereinigt wirkte, das Leben sich nicht einen Augenblick erhalten könnte. Daher träumen vermutlich alle Tiere, wenn sie schlafen.
Jedermann aber, der sich zu Bette und in Bereitschaft zu schlafen gelegt hat, wird bisweilen, bei aller obgedachten Ablenkung seiner Gedanken, doch nicht zum Einschlafen

kommen können. In diesem Fall wird er im Gehirn etwas *Spastisches* (Krampfartiges) fühlen, welches auch mit der Beobachtung gut zusammenhängt, daß ein Mensch gleich nach dem Erwachen etwa einen halben Zoll länger sei, als wenn er sogar im Bette geblieben und dabei nur gewacht hätte. – Da Schlaflosigkeit ein Fehler des schwächlichen Alters und die linke Seite überhaupt genommen die schwächere ist,* so fühlte ich seit etwa einem Jahre diese krampfigen Anwandlungen und sehr empfindliche Reize dieser Art, obzwar nicht wirkliche und sichtbare Bewegungen der darauf affizierten Gliedmaßen als Krämpfe, die ich nach der Beschreibung anderer für *gichtische* Zufälle halten und dafür einen Arzt suchen mußte. Nun aber, aus Ungeduld, am Schlafen mich gehindert zu fühlen, griff ich bald zu meinem stoischen Mittel, meinen Gedanken mit Anstrengung auf irgendein von mir gewähltes gleichgültiges Objekt, was es auch sei (z. B. auf den viel Nebenvorstellungen enthaltenden Namen Cicero), zu heften, mithin die Aufmerksamkeit von jener Empfindung abzulenken; dadurch diese dann, und zwar schleunig, stumpf wurden, und so die Schläfrigkeit sie überwog, und dieses kann ich jederzeit, bei wiederkommenden Anfällen dieser Art in den kleinen Un-

---

*Es ist ein ganz unrichtiges Vorgeben, daß, was die Stärke im Gebrauch seiner äußeren Gliedmaßen betrifft, es bloß auf die Übung und wie man frühe gewöhnt worden, ankomme, welche von beiden Seiten des Körpers die stärkere oder schwächere sein solle; ob im Gefechte mit dem rechten oder linken Arm der Säbel geführt, ob sich der Reiter im Steigbügel stehend von der rechten zur linken oder umgekehrt aufs Pferd schwinge usw. Die Erfahrung lehrt aber, daß, wer sich am linken Fuße Maß für seine Schuhe nehmen läßt, wenn der Schuh dem linken genau anpaßt, er für den rechten zu enge sei, ohne daß man die Schuld davon den Eltern geben kann, die ihre Kinder nicht besser belehrt hätten; sowie der Vorzug der rechten Seite vor der linken auch daran zu sehen ist, daß der, welcher über einen etwas tiefen Graben schreiten will, den linken Fuß ansetzt und mit dem rechten überschreitet, widrigenfalls er in den Graben zu fallen Gefahr läuft. Daß der preußische Infanterist geübt wird, mit dem linken Fuße *anzutreten*, widerlegt jenen Satz nicht, sondern bestätigt ihn vielmehr; denn er setzt diesen voran, gleich als auf ein Hypomochlium[49], um mit der rechten Seite den Schwung des Angriffs zu machen, welchen er mit der rechten gegen die linke verrichtet.

terbrechungen des Nachtschlafs, mit gleich gutem Erfolg wiederholen. Daß aber dieses nicht etwa bloß eingebildete Schmerzen waren, davon konnte mich die des anderen Morgens früh sich zeigende glühende Röte der Zehen des linken Fußes überzeugen. Ich bin gewiß, daß viele *gichtische* Zufälle, wenn nur die Diät des Genusses nicht gar zu sehr dawider ist, ja *Krämpfe* und selbst *epileptische* Zufälle (nur nicht bei Weibern und Kindern, als die dergleichen Kraft des Vorsatzes nicht haben), auch wohl das für unheilbar verschrieene *Podagra,* bei jeder neuen Anwandlung desselben durch diese Festigkeit des Vorsatzes (seine Aufmerksamkeit von einem solchen Leiden abzuwenden) abgehalten und nach und nach gar gehoben werden könnte.

3. Vom Essen und Trinken

Im gesunden Zustande und der Jugend ist es das Geratenste in Ansehung des Genusses, der Zeit und Menge nach, bloß den *Appetit* (Hunger und Durst) zu befragen; aber bei den mit dem Alter sich einfindenden Schwächen ist eine gewisse *Angewohnheit* einer geprüften und heilsam gefundenen Lebensart, nämlich wie man es einen Tag gehalten hat, es ebenso alle Tage zu halten, ein diätetischer Grundsatz, welcher dem langen Leben am günstigsten ist; doch unter der Bedingung, daß diese Abfütterung für den sich weigernden Appetit die gehörigen Ausnahmen mache. – Dieser nämlich weigert im Alter die Quantität des Flüssigen (Suppen oder viel Wasser zu trinken) vornehmlich dem männlichen Geschlecht; verlangt dagegen derbere Kost und anreizenderes Getränke (z. B. Wein), sowohl um die *wurmförmige* Bewegung der Gedärme (die unter allen Eingeweiden am meisten von der vita propria zu haben scheinen, weil sie, wenn sie noch warm aus dem Tier gerissen und zerhauen werden, als Würmer kriechen, deren Arbeit man nicht bloß fühlen, sondern sogar hören kann) zu befördern und zugleich solche Teile in den Blutumlauf zu bringen, die durch ihren Reiz das Geräder zur Blutbewegung im Umlauf zu erhalten beförderlich sind.

Das Wasser braucht aber bei alten Leuten längere Zeit, um, ins Blut aufgenommen, den langen Gang seiner Absonderung von der Blutmasse durch die Nieren zur Harnblase zu machen, wenn es nicht dem Blute assimilierte Teile (dergleichen der Wein ist), und die einen Reiz der Blutgefäße zum Fortschaffen bei sich führen, in sich enthält; welcher letztere aber alsdann als Medizin gebraucht wird, dessen künstlicher Gebrauch eben darum eigentlich nicht zur Diätetik gehört. Der Anwandlung des Appetits zum Wassertrinken (dem Durst), welche großenteils nur Angewohnheit ist, nicht sofort nachzugeben und ein hierüber genommener *fester Vorsatz* bringt diesen Reiz in das Maß des natürlichen Bedürfnisses des den festen Speisen beizugebenden Flüssigen, dessen Genuß in Menge im Alter selbst durch den Naturinstinkt geweigert wird. Man schläft auch nicht gut, wenigstens nicht tief, bei dieser Wasserschwelgerei, weil die Blutwärme dadurch vermindert wird.

Es ist oft gefragt worden: ob, gleichwie in vierundzwanzig Stunden nur ein Schlaf, so auch in ebensoviel Stunden nur eine Mahlzeit nach diätetischer Regel verwilligt werden könne, ob es nicht *besser* (gesunder) sei, dem Appetit am Mittagstische etwas abzubrechen, um dafür auch zu Nacht essen zu können. Zeitkürzender ist freilich das letztere. – Das erstere halte ich auch in den sogenannten besten Lebensjahren (dem Mittelalter) für zuträglicher; das letztere aber im späten Alter. Denn da das Stadium für die Operation der Gedärme zum Behuf der Verdauung im Alter ohne Zweifel langsamer abläuft als in jüngeren Jahren, so kann man glauben, daß ein neues Pensum (in einer Abendmahlzeit) der Natur aufzugeben, indessen daß das erstere Stadium der Verdauung noch nicht abgelaufen ist, der Gesundheit nachteilig werden müsse. – Auf solche Weise kann man den Anreiz zum Abendessen nach einer hinreichenden Sättigung des Mittags für ein *krankhaftes* Gefühl halten, dessen man durch einen festen Vorsatz so Meister werden kann, daß auch die Anwandlung desselben nachgerade nicht mehr verspürt wird.

4. Von dem krankhaften Gefühl aus der Unzeit im Denken

Einem Gelehrten ist das *Denken* ein Nahrungsmittel, ohne welches, wenn er *wach* und *allein* ist, er nicht leben kann; jenes mag nun im *Lernen* (Bücherlesen) oder im *Ausdenken* (Nachsinnen und Erfinden) bestehen. Aber beim Essen oder Gehen sich zugleich angestrengt mit einem bestimmten Gedanken zu beschäftigen, Kopf und Magen oder Kopf und Füße mit zwei Arbeiten zugleich belästigen, davon bringt das eine Hypochondrie, das andere Schwindel hervor. Um also dieses krankhaften Zustandes durch Diätetik Meister zu sein, wird nichts weiter erfordert, als die mechanische Beschäftigung des Magens oder der Füße mit der geistigen des Denkens wechseln zu lassen und während dieser (der Restauration gewidmeten) Zeit das absichtliche Denken zu hemmen und dem (dem mechanischen ähnlichen) freien Spiele der Einbildungskraft den Lauf zu lassen; wozu aber bei einem Studierenden ein allgemein gefaßter und fester Vorsatz der *Diät im Denken* erfordert wird.

Es finden sich krankhafte Gefühle ein, wenn man in einer Mahlzeit ohne Gesellschaft sich zugleich mit Bücherlesen oder Nachdenken beschäftigt, weil die Lebenskraft durch Kopfarbeit von dem Magen, den man belästigt, abgeleitet wird. Ebenso, wenn dieses Nachdenken mit der kräfterschöpfenden Arbeit der Füße (im Promenieren*) verbunden wird. (Man kann das *Lukubrieren*[50] noch hinzufügen, wenn es ungewöhnlich ist.) Indessen sind die krankhaften Gefühle aus diesen unzeitig (invita Minerva) vorgenommenen Geistesarbeiten doch nicht von der Art, daß sie sich unmittelbar durch den bloßen Vorsatz augenblicklich, sondern allein durch Entwöhnung, vermöge eines entgegengesetzten Prinzips nach und nach heben lassen, und von den ersteren soll hier nur geredet werden.

*Studierende können es schwerlich unterlassen, in einsamen Spaziergängen sich mit Nachdenken selbst und allein zu unterhalten. Ich habe es aber an mir gefunden und auch von anderen, die ich darum befrug, gehört, daß das angestrengte Denken im *Gehen* geschwinde matt macht; dagegen, wenn man sich dem freien Spiel der Einbildungskraft überläßt, die Motion restaurierend ist. Noch mehr geschieht dieses, wenn bei dieser mit Nachdenken verbundenen Bewegung zugleich Unterredung mit einem anderen gehalten wird, so daß man sich bald genötigt sieht, das Spiel seiner Gedanken sitzend fortzusetzen. – Das Spazieren im Freien hat gerade die Absicht, durch den Wechsel der Gegenstände seine Aufmerksamkeit auf jeden einzelnen *abzuspannen*.

5. Von der Hebung und Verhütung krankhafter Zufälle durch den Vorsatz im Atemziehen

Ich war vor wenigen Jahren noch dann und wann vom Schnupfen und Husten heimgesucht, welche beide Zufälle mir desto ungelegener waren, als sie sich bisweilen beim Schlafengehen zutrugen. Gleichsam entrüstet über diese Störung des Nachtschlafs, entschloß ich mich, was den ersteren Zufall betrifft, mit festgeschlossenen Lippen durchaus die Luft durch die Nase zu ziehen: welches mir anfangs nur mit einem schwachen Pfeifen und, da ich nicht absetzte oder nachließ, immer mit stärkerem, zuletzt mit vollem und freiem Luftzuge gelang, es durch die Nase zustande zu bringen, darüber ich dann sofort einschlief. – Was dies gleichsam konvulsivische und mit dazwischen vorfallendem Einatmen (nicht, wie beim Lachen, ein kontinuiertes stoßweise erschallendes) Ausatmen, den *Husten* betrifft, vornehmlich den, welchen der gemeine Mann in England den Altmannshusten (im Bette liegend) nennt, so war er mir um so mehr ungelegen, da er sich bisweilen bald nach der Erwärmung im Bette einstellte und das Einschlafen verzögerte. Dieses Husten, welches durch den Reiz der mit offenem Munde eingeatmeten Luft auf den Luftröhrenkopf erregt wird,* nun zu hemmen, bedurfte es einer nicht mecha-

*Sollte auch nicht die atmosphärische Luft, wenn sie durch die eustachische Röhre (also bei geschlossenen Lippen) zirkuliert, dadurch daß sie auf diesem dem Gehirn nahe liegenden Umwege Sauerstoff absetzt, das erquickende Gefühl gestärkter Lebensorgane bewirken; welches dem ähnlich ist, als ob man Luft *trinke*, wobei diese, ob sie zwar keinen Geruch hat, doch die Geruchsnerven und die denselben naheliegenden einsaugenden Gefäße stärkt? Bei manchem Wetter findet sich dieses Erquickliche des Genusses der Luft nicht; bei anderem ist es eine wahre Annehmlichkeit, sie auf seiner Wanderung mit langen Zügen zu trinken, welches das Einatmen mit offenem Munde nicht gewährt. – – Das ist aber von der größten diätetischen Wichtigkeit, den Atemzug durch die Nase bei geschlossenen Lippen sich so zur *Gewohnheit* zu machen, daß er selbst im tiefsten Schlaf nicht anders verrichtet wird und man sogleich aufwacht, sobald er mit offenem Munde geschieht, und dadurch gleichsam aufgeschreckt wird; wie ich das anfänglich, ehe es mir zur Gewohnheit wurde, auf solche Weise zu atmen, bisweilen erfuhr. – Wenn man genötigt ist, stark oder bergan zu schreiten, so

nischen (pharmazeutischen), sondern nur unmittelbaren Gemütsoperation; nämlich die *Aufmerksamkeit* auf diesen Reiz dadurch ganz abzulenken, daß sie mit Anstrengung auf irgendein Objekt (wie oben bei krampfhaften Zufällen) gerichtet und dadurch das Ausstoßen der Luft gehemmt wurde, welches mir, wie ich es deutlich fühlte, das Blut ins Gesicht trieb, wobei aber der durch denselben Reiz erregte flüssige Speichel (saliva) die Wirkung dieses Reizes, nämlich die Ausstoßung der Luft, verhinderte und ein Herunterschlucken dieser Feuchtigkeit bewirkte. – – Eine Gemütsoperation, zu der ein recht großer Grad des festen Vorsatzes erforderlich, der aber darum auch desto wohltätiger ist.

gehört größere Stärke des Vorsatzes dazu, von jener Regel nicht abzuweichen und eher seine Schritte zu mäßigen, als von ihr eine Ausnahme zu machen; imgleichen, wenn es um starke Motion zu tun ist, die etwa ein Erzieher seinen Zöglingen geben will, daß dieser sie ihre Bewegung lieber stumm als mit öfterer Einatmung durch den Mund machen lasse. Meine jungen Freunde (ehemalige Zuhörer) haben diese diätetische Maxime als probat und heilsam gepriesen und sie nicht unter die Kleinigkeiten gezählt, weil sie bloßes Hausmittel ist, das den Arzt entbehrlich macht. – Merkwürdig ist noch: daß, da es scheint, beim lange fortgesetzten *Sprechen* geschehe das *Einatmen* auch durch den so oft geöffneten Mund, mithin jene Regel werde da doch ohne Schaden überschritten, es sich wirklich nicht so verhält. Denn es geschieht doch auch durch die *Nase.* Denn wäre diese zu der Zeit verstopft, so würde man von dem Redner sagen, er spreche durch die Nase (ein sehr widriger Laut), indem er wirklich nicht durch die Nase spräche, und umgekehrt, er spreche nicht durch die Nase, indem er wirklich durch die Nase spricht: wie es Herr Hofrat *Lichtenberg*[51] launig und richtig bemerkt. – Das ist auch der Grund, warum der, welcher lange und laut spricht (Vorleser oder Prediger), es ohne Rauhigkeit der Kehle eine Stunde lang wohl aushalten kann; weil nämlich sein *Atemziehen* eigentlich durch die Nase, nicht durch den Mund geschieht, als durch welchen nur das *Ausatmen* verrichtet wird. – Ein Nebenvorteil dieser Angewohnheit des Atemzuges mit beständig geschlossenen Lippen, wenn man für sich allein wenigstens nicht im Diskurs begriffen ist, ist der: daß die sich immer absondernde und den Schlund befeuchtende Saliva hierbei zugleich als Verdauungsmittel (stomachale), vielleicht auch (verschluckt) als Abführungsmittel wirkt; wenn man fest genug entschlossen ist, sie nicht durch üble Angewohnheit zu verschwenden.

6. Von den Folgen dieser Angewohnheit des Atemziehens mit geschlossenen Lippen

Die *unmittelbare* Folge davon ist, daß sie auch im Schlafe fortwährt und ich sogleich aus dem Schlafe aufgeschreckt werde, wenn ich zufälligerweise die Lippen öffne und ein Atemzug durch den Mund geschieht; woraus man sieht, daß der Schlaf und mit ihm der Traum nicht eine so gänzliche Abwesenheit von dem Zustande des Wachenden ist, daß sich nicht auch eine Aufmerksamkeit auf seine Lage in jenem Zustande mit einmische; wie man denn dieses auch daraus abnehmen kann, daß die, welche sich des Abends vorher vorgenommen haben, früher als gewöhnlich (etwa zu einer Spazierfahrt) aufzustehen, auch früher *erwachen*; indem sie vermutlich durch die Stadtuhren aufgeweckt worden, die sie also auch mitten im Schlaf haben hören und darauf achtgeben müssen. – Die *mittelbare* Folge dieser löblichen Angewöhnung ist: daß das unwillkürliche abgenötigte Husten (nicht das *Aufhusten* eines Schleims als beabsichtiger Auswurf) in beiderlei Zuständen verhütet und so durch die bloße Macht des Vorsatzes eine Krankheit verhütet wird. – – Ich habe sogar gefunden, daß, da mich nach ausgelöschtem Licht (und eben zu Bette gelegt) auf einmal ein starker Durst anwandelte, den mit Wassertrinken zu löschen ich im Finstern hätte in eine andere Stube gehen und durch Herumtappen das Wassergeschirr suchen müssen, ich darauf fiel, verschiedene und starke Atemzüge mit Erhebung der Brust zu tun und gleichsam Luft durch die Nase zu *trinken*; wodurch der Durst in wenig Sekunden völlig gelöscht war. Es war ein krankhafter Reiz, der durch einen Gegenreiz gehoben ward.

Beschluß

Krankhafte Zufälle, in Ansehung deren das Gemüt das Vermögen besitzt, des Gefühls derselben durch den bloßen standhaften Willen des Menschen, als einer Obermacht des vernünftigen Tieres, Meister werden zu können, sind alle von der spastischen (krampfhaften) Art; man kann aber nicht umgekehrt sagen, daß alle von dieser Art durch den bloßen festen Vorsatz gehemmt oder gehoben werden können. – Denn einige derselben sind von der Beschaffenheit, daß die Versuche, sie der Kraft des Vorsatzes zu unterwerfen, das krampfhafte Leiden vielmehr noch verstärken; wie es der Fall mit mir selber ist, da diejenige Krankheit, welche vor etwa einem Jahr in der Kopenhagener Zeitung als „epidemischer, mit *Kopfbedrückung* verbundener Katarrh" beschrieben wurde* (bei mir aber wohl ein Jahr älter, aber doch von ähnlicher Empfindung ist), mich für einige Kopfarbeiten gleichsam desorganisiert, wenigstens geschwächt und stumpf gemacht hat und, da sich diese Bedrückung auf die natürliche Schwäche des Alters geworfen hat, wohl nicht anders als mit dem Leben zugleich aufhören wird.

Die krankhafte Beschaffenheit des Patienten, die das Denken, insofern es ein Festhalten eines Begriffs (der Einheit des Bewußtseins verbundener Vorstellungen) ist, begleitet und erschwert, bringt das Gefühl eines spastischen Zustandes des Organs des Denkens (des Gehirns) als eines Drucks hervor, der zwar das Denken und Nachdenken selbst, imgleichen das Gedächtnis in Ansehung des ehedem Gedachten eigentlich nicht schwächt, aber im Vortrage (dem mündlichen oder schriftlichen) das feste Zusammenhalten der Vorstellungen in ihrer Zeitfolge wider Zerstreuung sichern soll, bewirkt selbst einen unwillkürlichen spastischen Zustand des Gehirns als ein Unvermögen, bei dem Wechsel der aufeinanderfolgenden Vorstellungen die Einheit des Bewußtseins derselben zu erhalten. Daher begegnet es mir, daß, wenn ich, wie es in jeder Rede jederzeit geschieht, zuerst zu dem, was ich sagen will (den Hörer oder Leser), vorbereite, ihm den Gegenstand, *wohin* ich gehen will, in der Aussicht, dann ihn auch auf das, *wovon* ich ausgegangen bin, zurückgewiesen habe (ohne welche zwei Hinweisungen kein Zusammenhang der Rede stattfindet), und ich nun das letztere mit dem ersteren verknüpfen soll, ich auf einmal meinen Zuhörer (oder stillschweigend mich selbst) fragen muß: Wo war ich doch? Wovon ging ich aus? Welcher Fehler nicht sowohl ein Fehler des Geistes, noch nicht des

---

*Ich halte sie für eine Gicht, die sich zum Teil aufs Gehirn geworfen hat.

Gedächtnisses allein, sondern der *Geistesgegenwart* (im Verknüpfen), d. i. unwillkürliche *Zerstreuung* und ein sehr peinigender Fehler ist, dem man zwar in Schriften (zumal den philosophischen, weil man da nicht immer so leicht zurücksehen kann, von wo man ausging) mühsam vorbeugen, obzwar mit aller Mühe nie völlig verhüten kann.

Mit dem Mathematiker, der seine Begriffe oder die Stellvertreter derselben (Größen- und Zahlenzeichen) in der Anschauung vor sich hinstellen und, daß, soweit er gegangen ist, alles richtig sei, versichert sein kann, ist es anders bewandt als mit dem Arbeiter im Fache der, vornehmlich reinen, Philosophie (Logik und Metaphysik), der seinen Gegenstand in der Luft vor sich schwebend erhalten muß und ihn nicht bloß teilweise, sondern jederzeit zugleich in einem Ganzen des Systems (der reinen Vernunft) sich darstellen und prüfen muß. Daher es eben nicht zu verwundern ist, wenn ein Metaphysiker eher *invalid* wird als der Studierende in einem anderen Fache, imgleichen als Geschäftsphilosophen; indessen daß es doch einige derer geben muß, die sich jenem ganz widmen, weil ohne Metaphysik überhaupt es gar keine Philosophie geben könnte.

Hieraus ist auch zu erklären, wie jemand *für sein Alter* gesund zu sein sich rühmen kann, ob er zwar in Ansehung gewisser ihm obliegenden Geschäfte sich in die Krankenliste mußte einschreiben lassen. Denn weil das *Unvermögen* zugleich den Gebrauch und mit diesem auch den Verbrauch und die Erschöpfung der Lebenskraft abhält, und er gleichsam nur in einer niedrigeren Stufe (als vegetierendes Wesen) zu leben gesteht, nämlich essen, gehen und schlafen zu können, was für seine animalische Existenz gesund, für die bürgerliche (zu öffentlichen Geschäften verpflichtete) Existenz aber krank, d. i. invalid heißt; so widerspricht sich dieser Kandidat des Todes hiermit gar nicht.

Dahin führt die Kunst, das menschliche Leben zu verlängern, daß man endlich unter den Lebenden nur so geduldet wird, welches eben nicht die ergötzlichste Lage ist.

Hieran aber habe ich selber schuld. Denn warum will ich auch der hinanstrebenden jüngeren Welt nicht Platz machen und, um zu leben, mir den gewöhnten Genuß des Lebens schmälern? Warum ein schwächliches Leben durch Entsagungen in ungewöhnliche Länge ziehen, die Sterbelisten[52], in denen doch auf den Zuschnitt der von Natur Schwächeren und ihre mutmaßliche Lebensdauer mitgerechnet ist, durch mein Beispiel in Verwirrung bringen, und das alles, was man sonst Schicksal nannte (dem man sich demütig und andächtig unterwarf), dem eigenen festen Vorsatze unterwerfen, welcher doch schwerlich zur allgemeinen diätetischen Regel, nach welcher die Vernunft unmittelbar Heilkraft ausübt, aufgenommen werden und die therapeutischen Formeln der Offizin jemals verdrängen wird?

Nachschrift

Den Verfasser der Kunst, das menschliche (auch besonders das literarische) Leben zu verlängern, darf ich also dazu wohl auffordern, daß er wohlwollend auch darauf bedacht sei, die *Augen* der Leser (vornehmlich der jetzt großen Zahl der Leserinnen, die den Übelstand der Brille noch härter fühlen dürften) in Schutz zu nehmen; auf welche jetzt aus elender Ziererei der Buchdrucker (denn Buchstaben haben doch als Malerei schlechterdings nichts Schönes an sich) von allen Seiten Jagd gemacht wird; damit nicht, sowie in Marokko durch weiße Übertünchung aller Häuser ein großer Teil der Einwohner der Stadt blind ist, dieses Übel aus ähnlicher Ursache auch bei uns einreiße, vielmehr die Buchdrucker desfalls unter Polizeigesetze gebracht werden. – Die jetzige *Mode* will es dagegen anders, nämlich:
1) nicht mit schwarzer, sondern *grauer* Tinte (weil es sanfter und lieblicher auf schönem weißem Papier absteche) zu drucken;
2) mit Didotschen Lettern von schmalen Füßen, nicht mit Breitkopfschen, die ihrem Namen *Buchstaben* (gleichsam bücherner Stäbe zum Feststehen) besser entsprechen würden;
3) mit *lateinischer* (wohl gar Kursiv-) Schrift ein Werk deutschen Inhalts, von welcher Breitkopf[53] mit Grunde sagte, daß niemand das Lesen derselben für seine Augen so lange aushalte als mit der deutschen;
4) mit so kleiner Schrift als nur möglich, damit für die unten etwas beizufügenden Noten noch kleinere (dem Auge noch knapper angemessene) leserlich bleibe.

Diesem Unwesen zu steuern, schlage ich vor: den Druck
der Berliner Monatsschrift (nach Text und Noten) zum Mu-
ster zu nehmen; denn man mag, welches Stück man will, in
die Hand nehmen, so wird man die durch obige Leserei an-
gegriffenen Augen durch Ansicht des letzteren merklich ge-
stärkt fühlen.*

I. Kant

*Unter den *krankhaften Zufällen der Augen* (nicht eigentlichen Au-
genkrankheiten) habe ich die Erfahrung von einem, der mir zuerst
in meinen vierziger Jahren einmal, späterhin mit Zwischenräumen
von einigen Jahren dann und wann, jetzt aber in einem Jahre etli-
chemal begegnet ist, gemacht; wo das Phänomen darin besteht: daß
auf dem Blatt, welches ich lese, auf einmal alle Buchstaben verwirrt
und durch eine gewisse, über dasselbe verbreitete Helligkeit ver-
mischt und ganz unleserlich werden, ein Zustand, der nicht über
sechs Minuten dauert, der einem Prediger, welcher seine Predigt
vom Blatte zu lesen gewohnt ist, sehr gefährlich sein dürfte, von
mir aber in meinem Auditorium der Logik oder Metaphysik, wo
nach gehöriger Vorbereitung im freien Vortrage (aus dem Kopfe)
geredet werden kann, nichts als die Besorgnis entsprang, es möchte
dieser Zufall der Vorbote vom Erblinden sein; worüber ich gleichwohl jetzt beruhigt bin, da ich bei *diesem* jetzt öfter als sonst sich
ereignenden Zufalle an meinem *einen* gesunden Auge (denn das
linke hat das Sehen seit etwa fünf Jahren verloren) nicht den mindesten Abgang an Klarheit verspüre. – Zufälligerweise kam ich darauf, wenn sich jenes Phänomen ereignete, meine Augen zu schließen, ja um noch besser das äußere Licht abzuhalten, meine Hand
darüber zu legen, und dann sah ich eine hellweiße, wie mit Phos-
phor im Finstern auf einem Blatt verzeichnete Figur, ähnlich der,
wie das letzte Viertel im Kalender vorgestellt wird, doch mit einem
auf der konvexen Seite ausgezackten Rande, welche allmählich an
Helligkeit verlor und in obengenannter Zeit verschwand. – Ich
möchte wohl wissen: ob diese Beobachtung auch von anderen gemacht, und wie diese Erscheinung, die wohl eigentlich nicht in den
Augen – als bei deren Bewegung dies Bild nicht zugleich mit be-
wegt, sondern immer an derselben Stelle gesehen wird –, sondern
im sensorium commune ihren Sitz haben dürfte, zu erklären sei.
Zugleich ist es seltsam, daß man ein Auge (innerhalb einer Zeit,
die ich etwa auf drei Jahre schätze) *einbüßen* kann, ohne es zu *ver-
missen*.

TEXTANHANG

Das sog. „Krakauer Fragment"

Erneuerte Frage:
Ob das menschliche Geschlecht im beständigen
Fortschreiten zum Besseren begriffen sey?

Der Rückgang zum Schlechteren hat sein Äußerstes von wo
an noch tiefer zu fallen es unmöglich ist und weil es alsdann nicht noch ärger (in Bosheit und Plagen) in der Welt
werden kann so wahrsagen Apocalyptischerleuchtete bey
mörderischen Kriegen, bey der damit sich verbindenden
Pestilenz und gänzlich von der Erde verschwundenen
Treue den jüngsten Tag und das mit Schrecken begleitete
Ende der Welt; – denn das Böse in einem Subject weil es
an der Zerstöhrung seiner selbst arbeitet bringt sich selbst
zu Ende.
Der continuirliche *Rückgang* zum Schlechtern der beständige *Fortgang* zum Besseren endlich das immer hin und her
Schwanken von einem Zustande zum Anderen welches eben
dieselbe Folge hat als ob gar kein Schritt geschehen wäre
sind die drey mögliche Vorstellungsarten der moralischen
Geschichte der Menschengattung. Von diesen hat es nun
den Meisten gefallen die letztere Hypothese anzunehmen
und so die Erde unseren Aufenthalt aus einem höheren
Standpunct (gleichsam in der Vogelperspective gesehen)
nach Verschiedenheit der Laune eines jeden für ein Nar-
renhaus oder Zuchthaus zu halten. – Die erste und zweyte
dieser Vorstellungsarten, deren die eine weil es in der Welt
nicht mehr ärger zugehen könne den nahen jüngsten Tag,
die andere weil die Auserwählten nach Herabstürtzung der
ersteren in den Schwefelpful einer immerwährenden Seelig-
keit auf Erden dem tausendjährigen Reiche entgegen sehen
werden selbst von aufgeklärten Theologen für Schwärmer
erklärt. Aber nun kommt hinzu daß auch sogar seyenwol-
lende reine Moralphilosophen das immerwährende Fortschreiten zum Besseren, dem Menschengeschlechte abspre-

116

chen wollen und den Glauben daran für *Schwärmerey* zu erklären kein Bedenken tragen*

Das Fortschreiten des menschlichen Geschlechts zum Besseren kann zweyerley Bedeutung haben nämlich daß es mit der Zeit immer bessere Menschen oder bessere Handlungen (Thaten) der Menschen geben werde: daß in ihrer Natur oder in der freyen Ausübung ihres Willens nach und nach ein größeres Qvantum der Moralität zu spühren seyn wird. – Gewöhnlich nehmen diejenige welche dieses Fortschreiten

Die Politik dem Recht zu accomodiren ist gut und nützlich aber umgekehrt falsch und abscheulich
Das gefährlichste aller Experimente ist die gewaltsame Veranderung oder vielmehr Umwandlung der Staatsverfassung auch möchte ein Gewissenhafter die Schuld aus den Ubeln die daraus entspringen nicht übernehmen.

in innerer Moralität streiten das angebliche Fortschreiten im ersteren Sinne und thun darinn nicht unrecht.
Daß die Masse des unserer Natur angearteten Guten und Bösen *in der Anlage* immer dieselbe bleibe und in demselben Individuum nicht vermehrt werden könne mag immer eingeräumt werden, und wie sollte sich auch dieses Qvantum

*Man wird finden daß unter den Gelehrten mehrentheils die Juristen es sind (wenn sich welche gelegentlich auch mit Philosophie abgeben) die sich zu diesem absprechenden Grundsatze zu bekennen pflegen. Denn es ist schon eine gewohnte Stimmung ihrer Urtheilskraft nach keinen anderen als den jetzt bestehenden (mithin machthabenden) Gesetzen für oder dawieder zu sprechen. – Daß diese Gesetze auch wohl einer Abänderung fahig ja ihrer bedürftig seyn möchten ziehen sie hiebey nicht in Betracht denn das ist nicht ihre sondern des obersten Machthabenden Sache.– Der jüdische Philosoph Moses Mendelssohn der sich auf ähnliche Art an die Mosaische Gesetzlichkeit gekettet zu seyn so gar zur Ehre rechnete war eben darum auch von dem Glauben an das Fortschreiten des Menschlichen Geschlechts an alle Zukunft zum Besseren ganz entfernt. Ein alter Aberglaube an das positive Gesetz seines Volks geknüpft war ihm beweisender als ein moralischer Glaube der die Geistesfreyheit begünstigt.

117

vermehren lassen da es durch die Freyheit des Subjects geschehen müßte und dieses hiezu selber einen größeren Fonds bedarf als sie einmal hat? Wollte man etwa hoffen daß sich in der Reihe vieler Zeugungen nach und nach bessere Racen entwickeln dürften welche mehr und reinere der Moralität günstigere Naturanlagen enthielten: so wäre das eine aus der Luft gegriffene Meynung vornehmlich daß jene immer der Vollkommenheit näher kommen werde die durch keine Erfahrung bestätigt wird. – Also kann die Frage nicht seyn ob das Fortschreiten der Menschen zum Besseren die Naturvollkommenheit derselben (die Vergrößerung seiner der Moralität günstigen ursprünglichen Anlage) seyn und nach und nach *bessere Menschen* erscheinen sondern ob *die Menschen* dereinst *immer besser* werden sollen welches von ihnen gesagt werden kann wenn durch zufällige Anlässe moralische Anlagen zu Ideen die in Menschen verborgen lagen zur Thätigkeit aufgeweckt und nicht mehr aufhören sowohl im Menschen als auch um ihn in seinen Nebenmenschen in Thätigkeit zu bessern Handlungen zu Annehmung Erweiterung und Stärkung besserer Grundsätze rege zu machen.

Daß aber so etwas einmal geschehen und dadurch gerade auch ein unaufhörliches Fortschreiten zum Besseren in dem menschlichen Geschlecht werde begründet werden läßt sich a priori durch die Vernunft nicht darthun; denn es ist ein Factum dessen Wirklichkeit viel sich eräugnende wiederwärtige Umstände Kriege, verwahrlosete Erziehung und Verwilderung durch Noth oder schlimme Beyspiele vereiteln können wodurch auch der beste Fortgang auf Jahrhunderte unterbrochen oder gar rückgängig gemacht werden kann. Es würde eine Prophetengabe dazu gehören ein so erwünschtes Eräugnis aber was aus den freyen Willen des Menschen hervorgehen soll vorher zu verkündigen dazu mehr als natürliches Vorhersehungsvermögen erfördert würde

über das aber nicht wornach hier gefragt wird nämlich ein Fortschreiten in physischer Vollkommenheit da wir hier nur fragen ob in der Menschen Thun und Lassen ein Fortschreiten zum Besseren mithin größere moralische Vollkommenheit und zwar im beständigen Wachsen gesetzmä-

ßig (analogisch mit der Entwickelung organisirter Naturdinge) könne erwartet werden.

Es muß also etwas Moralisches in Grundsätzen seyn welche
die Vernunft als rein zugleich aber auch wegen des großen
und Epoche machenden Einflusses was die dazu anerkannte Pflicht der Seele des Menschen vorhält und die
Menschen in Masse in Bewegung bringt das größte Hindernis des Guten aus dem Wege zu räumen wodurch dann das
menschliche Geschlecht dahin gebracht wird jenes Böse
nicht mehr aufkommen zu lassen und immer im Fortschritte zum Besseren zu bleiben. – Die Kraft und Wirk-
samkeit dieser Idee muß aber auch durch unläugbare öffentliche Erfahrung bewährt und zugleich wieder die Furcht
vor dem Rückgang hinreichend gesichert seyn.

Aber die Hofnung zu einem solchen Eräugnis bleibt immer
ungewiß vielleicht auch es herbey zu rufen unerlaubt wenn
es sich aber von selbst einstellt es zu jenen Zwecken zu benutzen pflichtmäßig. Daß es sich aber unter den mannigfaltigen Umwandlungen welche der Weltlauf herbeyführt irgend einmal sich eräugnen und die Gelegenheit zu Gründung eines Moralisch-Guten was nachher im beständigen
Fortschreiten zum Besseren irgend wann eintreten müsse
kann man in practischer Rücksicht (um darauf vorbereitet
zu seyn) für gewiß annehmen; weil, da die Anlage zum Bösen gegen sich selbst zerstöhrend ist die zum Guten nicht
ermangeln kann auf einen Zeitpunct zu treffen wo das Gute
wenigstens in den äußeren Verhältnissen der Menschen
seine Herrschaft zu beweisen und zu behaupten nicht ermangeln kann

Aufgabe

Welches ist die günstige Veranlassung und wann ist der
Zeitpunct welcher irgend einmal eintreten muß und unfehlbar von Menschen ergriffen werden wird um vermittelst einer Revolution in öffentlichen Grundsätzen in einen Zustand zu gelangen von da an das beständige nicht mehr
rückgängig werdende Fortschreiten zum Besseren des
menschlichen Geschlechts in Gang gebracht werden
kann.

Auflösung

Die Menschen bedürfen bey ihrer natürlichen Bösartigkeit und in ihrer darum sich unter einander drängenden Lage einer Macht die jeden größeren Haufen derselben unter dem Zwange öffentlicher Gesetze halte und dadurch iedem sein Recht sichere welches aber nicht eher als nach willkührlich verübten Feindseligkeiten geschehen kan welcher Unsinn wenn bey zunehmender Cultur doch in ihm Methode ist Krieg heißt und unter Volkern die nun schon gesetzliche Systeme, Staaten genannt, ausmachen von ihren Machthabern zum eigentlichen Endzweck gemacht wird zu welchem die Wohlhabenheit und Bevölkerung nur als Mittel Krieg führen zu können wozu die Unterthanen nicht als Staatsbürger (denn da würde ihre Einstimmung zum Kriege erforderlich seyn) sondern als zerstöhrende aber auch als zerstöhrbare Werkzeuge gebraucht werden.

Nun werden gerade bey der aufs höchste gestiegenen Cultur die Kriege nur um desto häufiger das Böse was Staaten einander äußerlich und ein jeder im Staate (das Volk) sich innerlich zufügt nicht blos im Kriege sondern durch die Zurüstung zu demselben im Frieden immer drückender und alle Fortschritte zum Besseren die durch Erziehung Beförderung der Künste und Wissenschaften als Klugheitsmittel des Fortschreitens zum Besseren durch den verwünschten Krieg immer gehemmt und unterbrochen und dieser ist eigentlich die Büchse der Pandora auf deren Boden nachzusehen ist ob sich nicht irgend ein Schimmer der Hofnung darauf zeige.

Der Zwang welcher Menschen von Anderen gesetzlich angethan werden kan ist gegen sie als der Rechte fähige Wesen nicht anders möglich als vermittelst einer Gesetzgebung zu welcher die so gehorchen sollen ihre Stimme gegeben haben oder vielmehr nur durch den vereinigten Willen zum Gesetz gemacht worden. – Nun sind Freyheit und Gleichheit der Rechte nebst der Vereinigung des Willens nach diesen Principien die von der Qvalität eines Gesetzgebers unabtrennliche Bedingungen und Menschen, welche diese Idee aufgefaßt und die Würde der Menschheit in ihrer Person beherzigt haben können indem sie sich in dieser Qvalität betrachten niemals mehr zu bloßen Werkzeugen anderer wegwerfen sondern wenn sich Umstände eräugnen unter welchen sie Theilnahme an der Gesetzgebung in ihre Gewalt bekommen durch welche sie sich so wohl für ihr eigenes Glück besser versorgt als auch was noch mehr ist veredelt fühlen werden diesen Zustand begierig ergreifen und ihn festhalten und zwar aus moralischen Gründen weil er nicht allein Pflicht gegen Andere sondern eine noch höhere nämlich Pflicht gegen sich selbst (die Menschheit in ihrer Person) ist.

Das Fortschreiten enthalt

1. Die Idee von einem Zweck wohin man zielt.
2. Die Gründung eines Princips darnach zu streben.
3. Die Verfolgung der Absicht die ununterbrochen fortdauert.

Das Fortschreiten zum Besseren wird dann allererst gründlich eingelenkt seyn wenn beym Fortgange der Cultur die Kriege immer weniger werden und auf dem Wege sind gantz aufzuhören.

Die Wissenschaften führen nicht natürlich zum Fortschritt zum Moralisch Besseren. Sie führen leicht zum Rückfall in Barbarey

Ob die Menschen oder Staaten erst besser werden sollen.

Es ist moralische Gewisheit daß alles immer zum Besseren hinwirke. Denn wenn wir auch keine theoretisch hinreichende Gründe hätten: wenn die Politiker uns ganz andere Mittel anpriesen so müssen wir doch so handeln als ob das Menschliche Geschlecht immer zum Besseren hinstrebe

Politic

Für die Fortschritte zum Besseren ist sowohl uns in Europa als auch in Ansehung der Gemeinschaft mit allen Welttheilen noch unendliche

Also ist der Schlüssel für diese Aufgabe die Benutzung der Gelegenheit welche ein alles zerstöhrender und auch die Macht der eigenen Regierung des Staates lähmender Krieg dem Volk darbietet um sich zu einer Constitution zu vereinigen in welcher das Volk nach Gesetzen der Freyheit und Gleichheit sich selbst regiert als unter welcher Verfassung alle Kriegsucht wegfallen muß weil ein jeder sonst stimmen würde einen Aufwand von seinem Vermögen und selbst seiner Person zu machen durch welchen er doch nichts für sich gewinnen kann und also ihm kein anderer als ein Vertheidigungskrieg zu Lasten kommen könnte welcher aber weil er nicht auf Eroberungen ausgeht und kein anderer Staat von ihm Absicht auf Vergrößerung besorgen darf vornehmlich wenn der bedrohte Staat zur Vertheidigung hinreichende Macht besitzt kaum jene zu befürchten ist.

Beweis

Daß wenn die Regierung unter dieser Bedingung (der Freyheit und Gleichheit) in den Händen eines staatsbürgerlichen Volks ist und dadurch das Alles Gute umkehrende und sittenverderbende Übel des Krieges abgewandt worden in der Anlage der Menschheit ein Hang und Richtung wahrzunehmen sey um auf ein ferneres Fortschreiten derselben zur Vollkommenheit mit Grunde schließen zu können kann zwar durch Erfahrung noch nicht bestätigt aber noch weniger dadurch wiederlegt werden weil das Ausbleiben der Umstände die dazu mitwirken sollen doch nicht Unmöglichkeit ist daß sie sich doch einmal eräugneten und alsdann noch desto stärker um sich griffen als durch Cultur die Vernunft mehr dazu vorbereitet war – Aber a priori läßt sich ein solches Eräugnis (als Product der freyen Willkür) auch nicht beweisen

Allein wenn Politiker über solche sangvinische Hofnungen (als Empiriker) lachen so sind sie doch wenigstens wenn sie nicht aus aller menschlichen Anlage zur Moralität einen Spott machen wollen genöthigt zu gestehen daß Grund gnug dazu da sey um auf diesen Zweck des continuirlich nie ganz abzuschneidenden Fortschritt des Menschlichen Geschlechts nach allen Kräften mit zu wirken folglich einen solchen in practischer Absicht als wirklich anzunehmen.
. Daß sich hiezu irgend einmal eine Gelegenheit eräugnen werde und müsse und das Gelingen der Ergreifung derselben nach mancherley mislungenen und übel belohnten Versuchen derselben ist mit der größten Wahrscheinlichkeit zu erwarten weil das Interesse so gros so unvertilgbar aus der Seele des Menschen und nach gerade so allgemein und zuletzt öffentlich erklärt seyn wird und muß daß der Wieder-

stand, welcher den Enthusiasm nicht eines wilden Haufens sondern eines aufgeklärten Volks nur noch erhöht gegen eine Evolution (denn Revolution zeigt ungestüme Gewalt an) der schon lange vorher in den Gemüthern genährten Zwecke und Grundsatze nicht ferner wird bestehen können.

Was nun aber von vernünftigen Machthabern schon als unverhinderlich und zugleich auch als rechtmäßig eingesehen wird, von dem kann man voraussehen daß sie es freywillig und planmäßig selbst veranstalten werden.

Hiebey ist es freylich Zufall, wenn die begonnene Staats-Veränderung gerade auf ein großes und über sein Interesse sowie als seine Rechte aufgeklärtes Volk trifft: aber die Ursache zu dieser Eräugnis ist doch durch Natur schon vorbereitet

Warum findet die Franz. Revolution so allgemeinen Beyfall bey denen, die durch sie keinen Schaden leiden – bis zum Enthusiasm

Von der Ungereimtheit, daß es gar keinen Fortgang zum Besseren gebe.

Es wäre wohl möglich daß ein Fürst monocratisch gesetze gebe aber republicanisch regierte e.g. recrutenstellung

Künste und Wissenschaft führen zwar nicht natürlicherweise zu Beförderung der Moralität; sie dienen ihr indessen doch damit daß sie die Barbarey vertreiben und die Empfänglichkeit für sittliche Gefühle befördern. Von dem Wachsthum der ersteren kann man sich für die letztere eigentlich keinen geraden Beystand versprechen auch ist der Luxus mit jenen oft und fast gewöhnlich mit dem größten Verderben im Sittlichen verbunden. Doch können sie dazu beytragen den Rückfall aus dem schon aufgekeimten Guten zu verhüten.

Eine andere wichtige Frage ist: ob Menschen vorher (durch Erziehung religiöse Disciplin u.d.g.) besser werden müssen ehe man es von Staaten hoffen kann oder ob umgekehrt damit zu Werk gegangen werden (oder die Vorsehung es auf entgegengesetzte Weise einleiten) müsse. – Das letztere scheint der Fall zu seyn. Denn erstlich haben die Fürsten zu Schulen der Bildung und Erziehung (wie Büsching klagt) kein Geld; sie brauchen es alles zum Krieg führen welcher Absicht sie jede andere nachsetzen, und diese wenn gleich wie die Sachen jetzt stehen nothwendige Absicht ist eben nicht ein den Fortschritten in Sittlichkeit günstiger Zustand. – Also von Staaten nicht vom Volk (von Oben nicht von Unten) muß dieses Fortschreiten zum Besseren eingeleitet werden. Die innere Form des Staats muß durch Reformen gehen von welchen diese die erste und letzte ist ihn so zu bilden daß er nicht immer mit Kriegen schwanger gehe theils nicht andere dazu zu reitzen theils auch

NACHWORT

Vernunft als „invisible hand"
oder: Philosophie als Beruf?

> Die Gelehrten sind am glücklichsten,
> wenn Fürsten und Herren einen Geschmack
> an den Studien haben.
>
> *Johann Georg Walch (1740)*

I

Die Frage: Wozu Philosophie? schien bis ins 18. Jahrhundert hinein wissenschaftstheoretisch und universitätspraktisch entschieden – sie hatte den Status einer Propädeutik zu den eigentlichen Fachstudien. Sie war – ohne daß dies vordergründig herabwürdigend oder hämisch zu verstehen wäre! – *ancilla theologiae et iurisprudentiae*[54]. Daß Philosophie auch nach dem Prozeß ihrer Professionalisierung zur Universität (als eine ihrer Fakultäten) gleichberechtigt gehöre, dies ist in Deutschland ein hochschulpolitisches Essential der Aufklärung; freilich bei unterstellter Voraussetzung, das sie „in Ansehung ihrer Lehren vom Befehle der Regierung unabhängig, keine Befehle zu geben, aber doch alle zu beurteilen die Freiheit habe."[55]
Es ist nun gerade Immanuel Kants Schrift „Der Streit der Fakultäten" (1798), in der eine solche aufklärerische Vernunftidee von der Universität, die sich dem Prinzip des *Selbstdenkens* verpflichtet fühlt, entworfen wurde.
Diese Idee einer aufgeklärten Gelehrtenrepublik ist bei Kant einem politischen Leitgedanken der Französischen Revolution entlehnt – der Idee des Republikanismus.
Das Modell des Republikanismus, d. h. die Gewaltenteilung von Legislative und Exekutive im Staat, sollte auch im Reich des Geistes, in der Universität, ihren produktiven Sinn beweisen. Nämlich wie dort gesetzgebende und ausführende Gewalt in ein Verhältnis zu treten hätte, so sollen hier Vernunft (das Vermögen der Einheit der Verstandesregeln unter Prinzipien) und Verstand (das Vermögen der Einheit der Erscheinungen vermittels Regeln) in einen wohldefinierten Diskurs eintreten: dies wäre die Beziehung

des verständigen Denkens der „Geschäftsleute der drei oberen Fakultäten" zur kritischen Vernunft der Philosophie als der traditionell „unteren" Fakultät.

Die traditionelle Metaphysik war natürlich für diese neue Funktion in keiner Weise diskursfähig, erst jene „allgemeine Erschütterung auf allen Feldern der philosophischen Wissenschaften"[56] durch die Metaphysik-Kritik der Transzendentalphilosophie Immanuel Kants (seit 1781, als die „Kritik der reinen Vernunft" erschien) ließ allmählich auch auf eine Reformation der möglichen Bedingungen der Wissens- bzw. Erkenntnisproduktion hoffen, d. h. auf das *Begreifen* dessen, was Wissen und Wissenschaft überhaupt ausmacht, worauf ihre Geltung als Erkenntnis- bzw. Begriffsform letztlich beruht.

Während die oberen Fakultäten augenscheinlich eo ipso größerenteils „die stabile Funktion der Wissenschaft" vorstellen, „(ist) die untere mit der mobilen beschäftigt"[57], auf diese griffige Formel brachte Karl Rosenkranz einmal (bei einer Rede zur dritten Säkularfeier der Albertina im Jahre 1844) die neue Idee der Universität bei Immanuel Kant. Um nun die Mobilität vernünftig zu bewerkstelligen, mußte natürlich zuallererst die Vernunft selber von ihrer – im Kantschen Verstande – bisherigen Immobilität als metaphysica generalis sub specie aeternitatis befreit werden, zumal auch schon ein neuer Begriff von Wissenschaft (in Ablösung des aristotelischen Wissenschaftsbegriffs, der ein halbes Jahrtausend den europäischen Wissenschaftsbetrieb prägte) entstanden war, „der, weil auf Mathematik gegründet, zwar auch allgemeingültiges, ,unwidersprechliches' Wissen erstrebte, aber keinen sicher ruhenden fertigen Besitz von Wahrheiten kennt, sondern nur den langsam wachsenden, immer wieder der Prüfung der mathematischen Vernunft unterworfen und in dieser Prüfung auch sich wandelnden Besitz von wissenschaftlichen Wahrheiten."[58] Als einen Grundmangel nun der Philosophie seiner Zeit vermißte Kant bei allen beteiligten Schulen oder Richtungen, „daß es dieser vermeintlichen Wissenschaft an einem sicheren Probierstein der Wahrheit und des Scheins fehle."[59] Und so konstatierte er in der Vorrede zur „Kritik der reinen Vernunft" als den allgemeinen Modeton des Zeitalters eine Verachtung der Metaphysik, nämlich daß

„die Metaphysik ... objektiv erwogen für gering oder entbehrlich zu halten"[60] sei.

Aus dieser verfahrenen Situation half der Philosophie keine bloße Reform der überkommenen Lehrbegriffe oder Lehrbücher, sondern nur eine gründliche *Revolution der Denkart*. Seit 1770 zeichneten sich die Konturen einer solchen fundamentalen Kritik aller Metaphysik, die als Wissenschaft wollte gelten können, ab; Kant hoffte lange auf Unterstützung dieses Vorhabens durch so bedeutende philosophische Zeitgenossen wie Mendelssohn oder Tetens – „allein diese vortrefflichen Männer scheuen die Bearbeitung einer Sandwüste".[61] Die „Kritik der reinen Vernunft", wie das Werk schließlich hieß, das die Philosophie als Wissenschaft wieder vorstellte, koordinierte das Erkennen mit der sinnlich-praktischen, erfahrbaren und erfaßbaren Wirklichkeit: Kant gab eine neue Methodologie, über die Geltungsbedingungen von Erkenntnissen (im Unterschied zu bloßem Wissen) entscheiden zu können, denn das war noch immer das ärgerlichste an alten metaphysischen Sätzen, daß sie sich jeder methodisch strengen, d. h. wissenschaftlichen Überprüfbarkeit entzogen. Kant erinnert uns ständig daran, daß für den erkennenden Menschen „das Ganze" der Wirklichkeit als Ganzes niemals erfaßbar ist, auch nicht etwa immer schon apriorisch sicher als Wissen (gar Glauben) verfügbar. Die neue transzendentale Philosophie betrachtet überhaupt „nicht die Gegenstände, sondern das menschliche Gemüt nach den Quellen, woraus in ihm die Erkenntnis a priori abstammt, und deren Grenzen"[62]. Kants metaphysikkritische Infragestellung des herkömmlichen angemaßten Erkenntnisstatus philosophischer Sätze betrifft aber nicht nur die Frage des W i e der Geltung synthetischer Urteile a priori, sondern zugleich ist auch damit eine *Herkunftsfrage* gestellt. Kant berührt dieses Problem, wenn er das erkenntnistheoretische Geltungsproblem aus seiner metaphysischen, d.h. zeitlosen, Konstanz herauszuheben sucht; dies geschieht genau dann, wenn nach dem *Erkenntniszuwachs* gefragt wird (und es sind eben synthetische und nicht analytische Urteile Kants Thema). Es stellt sich danach nicht mehr so sehr die Frage nach den logischen Erkenntniskriterien von Urteilen, sondern nach dem *Erzeugungs- bzw. Konstruktionsprozeß* von Erkenntnissen.

Durch den Synthesisgedanken aber, demzufolge Begriffe (Kategorien) „niemals an sich selbst, sondern jederzeit nur in Beziehung auf Dinge als Gegenstände einer möglichen Erfahrung"[63] zu Erkenntnissen konstituiert werden können, hat Kant den Erfahrungsvorgang ganz neu protegiert und vor allem ihn eben *als Prozeß* zu erfassen vermocht. Von „Erkenntnis" (im Unterschied zu „Wissen") vermag Kant nur dann zu sprechen, wenn sich transzendental-ideale Verstandesbegriffe und empirisch-reales Anschauungsmaterial verbinden läßt. Das methodische Verfahren, wodurch diese Synthesis möglich wird, ist nun jener Verknüpfungsvorgang zwischen Kategorie (den reinen Verstandesbegriffen) und Erscheinung (den raum-zeitlich geordneten Anschauungen) und wird von Kant in dem Theoriestück „Transzendentaler Schematismus der reinen Verstandesbegriffe" (in der „Kritik der reinen Vernunft") beschrieben: „Die von Herrn Kant eingeleiteten Untersuchungen über die Schemate sind vielleicht das wichtigste Geschenk, mit welchem die Kritik [die Philosophie] bereicherte."[64]

Jene Selbstkritik der Vernunft setzte jetzt diese wieder in die Lage, mit begrifflich strengen Mitteln die Wahrheitsfrage entscheidbar zu stellen; damit war es der Transzendentalphilosophie in anspruchsvoller Weise möglich, als *kritische Theorie* in die geistige Kultur der Gesellschaft einzugreifen; dies betraf vor allem die Möglichkeit der Identifizierung von Vorurteilen in den Wissenschaften wie auch im Leben (jene methodische Unterscheidung von Wissen, Glauben, Hoffen). Zugleich nähert sich damit die neue wissenschaftliche Philosophie wieder den exakten bzw. Erfahrungswissenschaften an, d. h., die Philosophie konnte von den auf diesen Gebieten auftretenden Umwälzungen, z. B. bei den wissenschaftlichen Methoden, profitieren; das kritische Element der Philosophie – als ‚untere' Fakultät – wurde so durch vielerlei diesbezügliche Innovationserfahrungen stark stimuliert. „Das eigentliche Ziel der Philosophie ist ... die Erkenntnis der *Wahrheit* um ihrer selbst willen und damit die Abstraktion von den Selbstinteressen der Menschen. Entsprechend fungiert der Begriff der Wahrheit als Zentralbegriff in der Charakteristik der unteren Fakultät"[65]. Im „Streit der Fakultäten" ist dann auch der – gewissermaßen politische – Ort dieses Verständnisses von Philosophie als kritischer Vernunft genau angegeben: „Die Klasse der oberen Fakultäten (als die rechte Seite des Parlaments der Gelahrtheit) verteidigt die Statute der Regierung, indessen daß es in einer so freien Verfassung, als die sein muß, wo es um Wahrheit zu tun ist, auch eine Oppositionspartei (die linke Seite) geben muß, welche die Bank der philosophischen Fakultät ist, weil ohne deren strenge Prüfung und Einwürfe die Regierung … nicht hinreichend belehrt werden würde" (vorliegende Ausg. S. 32f.). Dies ist dann überraschend aber konsequent das letzte Wort der transzendentalphilosophischen Revolution der Denkungsart und auch – wenn man so will – Immanuel Kants philosophisches Testament: die Philosophie steht links.

II

Unter diesen Umständen ist es ganz verständlich, daß Kant vor allem in den neunziger Jahren, im Dezennium der Französischen Revolution, in Preußen Probleme mit seiner Obrigkeit bekam, speziell mit der Zensur (außerhalb Preußens kam es u. a. 1786/87 in Hessen zu einem Verbot Kantscher Schriften).

Im Sommer 1788 (am 3. Juli) hatte der seit dem Tode Friedrich des Großen (er starb am 17. August 1786) regierende neue König Friedrich Wilhelm II. den freisinnigen und hochgebildeten Minister Karl Abraham v. Zedlitz (ihm hatte Kant 1781 seine „Kritik der reinen Vernunft" gewidmet) abgelöst und durch Johann Friedrich Wöllner ersetzt; schon sechs Tage später (am 9. Juli 1788) wurde eine neue verschärfte Religionsverfassung für die preußischen Staaten erlassen, die im Winter 1788 (am 19. Dezember) durch eine strenge Zensurbestimmung ergänzt wurde. „Wöllner habe", so schrieb Wieland an seinen Schwiegersohn Carl Leonhard Reinhold (am 19. Mai 1794), „eine Art Inquisition über Kant verhängt; Kant, hieß es schon, sei sogar aus allen preußischen Staaten verbannt und befinde sich wirklich in Kiel [was aber nicht den Tatsachen entsprach – St. D.]."

Durch Wöllner wurde im April 1791 als oberste Zensurbehörde die „Immediat-Examinations-Commission" eingesetzt (der die Theologen Hermann Daniel Hermes, Theo-

129

dor Karl Georg Woltersdorf und Gottlieb Wilhelm Hillmer angehörten).

Zu einer ersten Konfrontation mit Kant kam es, als 1792 einige seiner religionsphilosophischen Artikel (die dann 1793 zu der Schrift „Religion innerhalb der Grenzen der bloßen Vernunft" vereinigt wurden) für die „Berlinische Monatsschrift" jenem Drei-Männer-Kollegium vorgelegt werden mußten; eigentlich hätte Kant dies gar nicht nötig gehabt, denn die „Berlinische Monatsschrift" erschien (wie auch das andere große Organ der Berliner Aufklärung, Nicolais „Allgemeine Deutsche Bibliothek") seit Beginn des Jahrs 1792 außerhalb Preußens, in Jena (beim Verlag Johann Michael Mauke). Allein der pflichttreue Kant wollte nicht den leisesten Zweifel an seiner staatsbürgerlichen Loyalität aufkommen lassen, wie der Redakteur Biester in einem Begleitschreiben bei der Vorlage für die Zensur ausführte, nämlich „als ob er einen literarischen Schleichhandel gern einschlüge und nur bei geflissentlicher Ausweichung der strengen Berlinischen Zensur sogenannte kühne Meinungen äußere."[66] Die Zensurbehörde in Berlin (phantasielos wie solche Ämter immer) verweigerte natürlich die Imprimatur, allerdings: die Religionsschrift Kants erschien dann doch 1793 in Königsberg bei Friedrich Nicolovius, nachdem die Jenenser Philosophische Fakultät (die Hochburg des Kantianismus damals) aufrecht und eben ganz im Sinne schon des Philosophiebegriffs des „Streits der Fakultäten" entsprechende Gutachten erstellt hatte. Und damit handelte Kant sich doch einen wahrhaft königlichen Rüffel ein! Der „allergnädigste Spezialbefehl" (vom 1. Oktober 1794) verbot dem Philosophen höchstinstanzlich jede weitere religionsphilosophische Publizistik – in der Vorrede zum „Streit der Fakultäten" machte Kant vier Jahre später diesen Vorgang und den diesbezüglichen landesväterlichen Briefwechsel öffentlich.

Den Zensurpraktiken blieb Kant in den folgenden Jahren weiter ausgesetzt, und auch die Publikation des „Streits der Fakultäten" wurde so auf die lange Bank geschoben, da die beiden ersten Stücke des Gesamtmanuskripts jeweils separat ihre Karrierefähigkeit vor dem Zensurkollegium – allerdings vergeblich – einzufordern gedachten.

Kant hoffte geduldig auf bessere Zeiten, denn unter diesen

130

Umständen waren sinnvollerweise kaum „die Mißbräuche der literarischen Polizeiverwaltung (zu) rügen"[67]; nach dem Tode Friedrich Wilhelms II. (am 16. Nov. 1797) schien sich ein Licht am Ende des Tunnels bemerkbar zu machen – am 23. Nov. 1797 erfolgte die Aufhebung jenes mit dem Namen Wöllner verknüpften Religionsedikts und der neue Landesherr (Friedrich Wilhelm III.) schrieb am 12. Januar 1798 einen ermahnenden Brief an seinen so strengen wie eifrigen Minister und riet ihm Mäßigung an[68]. „Das Ende des gegenaufklärerischen Regiments schien mit dem Regierungsantritt von Friedrich Wilhelm III. gekommen, von dem nicht nur … Kant zu wissen glaubte, daß er in der Tradition der Aufklärung stand. Doch die Hoffnung auf die Person erwies sich angesichts der Konsequenz des Regimes nur allzubald als haltlos."[69]

Jene, philosophiegeschichtlich zunächst ziemlich marginale, Publikationsgeschichte des „Streit der Fakultäten" erweist sich sehr schnell als ein Kabinettstückchen von Bürgermut vor Herrscherthronen, ein gerade bei deutschen Intellektuellen so seltenes wie aktuelles Lehrbeispiel von Zivilcourage, vor dem man – sich selbst betrachtend – beschämt steht.

Die drei Stücke des „Streit der Fakultäten" sind zu unterschiedlichen Zeiten entstanden.

Der erste Abschnitt *(Der Streit der philosophischen Fakultät mit der theologischen)* stammt aus dem Jahre 1794; in einem Brief an Friedrich Stäudlin (vom 4. Dezember 1794), dem er dann die Gesamtschrift widmen wird, schreibt Kant: „Ich habe … eine Abhandlung unter dem Titel *Der Streit der Fakultäten* schon seit einiger Zeit fertig bei mir liegen, in der Absicht, sie Ihnen zuzuschicken. Sie scheint mir interessant zu sein, weil sie nicht allein das Recht des Gelehrtenstandes, alle Sachen der Landesreligion vor das Urteil der *theologischen* Fakultät zu ziehen, sondern auch … eine Oppositionsbank der *philosophischen* gegen die erstere einzuräumen, ins Licht gestellt (…) Ob nun gleich diese Abhandlung eigentlich bloß publizistisch und nicht theologisch ist … muß ich doch fürchten, daß … die jetzt unseres Orts in großer Macht stehende Zensur Verschiedenes davon auf sich deuten und verschreien möchte, und habe daher beschlossen, diese Abhandlung … noch zurückzuhalten."[70] Auf ein späteres Angebot Stäudlins (vom 6. März 1796), den Aufsatz in seiner „Göttingischen Monatsschrift für die Philosophie der Religion und Moral" zu publizieren, griff Kant nicht zurück.

Der zweite Abschnitt *(Der Streit der philosophischen Fakultät mit der juristischen)* war im Herbst 1797 fertiggestellt; über sein Schicksal schreibt Kant an Johann Heinrich Tieftrunk (vom 5. April 1798), daß er „unter Hermes und Hillmers durchfiel und liegenblieben [mußte] ... allein es hat sich ein anderer Mißfall im Gebären meines Genius zugetragen, daß nämlich eine neuere Schrift ... zur Zensur eingereicht wurde, und zwar am 23. Oktober 1797, also noch bei Lebzeiten des vorigen Königs, und ihm das Imprimatur abgeschlagen wurde (...) Da nun jedermann bekannt ist, wie sorgfältig ich mich mit meiner Schriftstellerei in den Schranken der Gesetze halte, ich aber auch nicht mühsame Arbeit um nichts und wieder nichts weggeworfen haben mag, so habe ich (...) beschlossen, dieses Stück samt der auf denselben gezeichneten (...) Zensurverweigerung, durch meinen Verleger Nicolovius nach Halle zu schicken und durch Ihre [Tieftrunks – St.D.] gütige Mühwaltung daselbst die Zensur zu suchen, welche, wie ich festiglich glaube, mir dort nicht fehlschlagen wird.[71] Die Entscheidung der Hallenser Philosophischen Fakultät – die im übrigen gar nicht kantianisch war – fiel mehrheitlich zugunsten Kants aus (die Voten hat Paul Menzer 1918 veröffentlicht[72]).

Der dritte Abschnitt schließlich *(Der Streit der philosophischen Fakultät mit der medizinischen)* reicht konzeptionell ebenfalls zurück in die Mitte der neunziger Jahre; am 10. August 1795 hatte Kant an den Anatomen S. T. Sömmering ein Schreiben gesandt (das dieser dann in seiner Schrift „Über das Organ der Seele" 1796 als Anhang veröffentlichte), in dem er schon theoretische Kontroversen, die zu einem Streit der Fakultäten führen könnten, andeutete. Kant ging dann im April 1798 an die Ausführung des Plans einer Gesamtschrift, in die er als drittes Stück noch eine Dankschrift an Hufeland einfügte. „Der *Streit der Fakultäten* und besonders sein dritter Abschnitt gehört noch in einen ganz anderen Zusammenhang; [nämlich] daß die Lücke im *kritischen*

Geschäft durch einen Beitrag zur *Naturphilosophie* geschlossen werden soll."[73]

Am 9. Mai 1798 avisiert Kant das Manuskript seinem Verleger Nicolovius, und im Oktober desselben Jahres erscheint „Der Streit der Fakultäten", Kants letzte größere Schrift, die er selber noch publiziert hat.

Ein recht unangenehmes Nachspiel hatte für den inzwischen vierundsiebzigjährigen Autor ein sich bis zur Jahrhundertwende hinziehender Nachdruckstreit um dieses Werk (bzw. einzelne Abschnitte daraus) zwischen dem Verleger der Erstausgabe, Nicolovius, und dem Verleger einer Teilsammlung Kantscher Schriften in Halle, der Rengerschen Buchhandlung, bzw. dem Herausgeber dieser Sammlung, J. H. Tieftrunk. Beide Parteien beriefen sich auf Kants Autorisation für die jeweils eigene Ausgabe, und so wurde der alte Kant noch wechselseitig in Anspruch genommen, vernommen, es galt, Farbe zu bekennen, Briefe mußten hergezeigt werden, und Kant wurde zuletzt noch gar von Königsberg nach Halle bestellt (worauf aber dann nicht bestanden wurde), kurz: Kant wurde wieder einmal, das letzte Mal, aktenkundig gemacht.[74]

III

Mit zwei Problemkreisen griff der *Streit der Fakultäten* außerordentliche philosophisch-politische Fragestellungen jener Zeit auf: dem obrigkeitsunabhängigen Status der Vernunft, d. h. der Autonomie der Philosophie, und der positiven Bewertung der Französischen Revolution.

Es war sicher nicht nur rhetorisch gemeint, als einmal der Theologe Samuel Collenbusch bei Kant nachfragte: „In welchen Stücken unterscheidet sich der Glaube des Teufels von dem Glauben des Herrn Kant? – und in welchen Stücken unterscheidet sich die Moral des Teufels und die Moral des Herrn Kant?[75] Diese inquisitorische Theologenfrage mit ihrer unfreiwilligen Komik wirft ein Schlaglicht auf die luziferische Ironie des alten Kant, die uns an allen Orten im „Streit der Fakultäten", und zwar völlig signallos, begegnet; Kant referiert hier auf den ersten Blick ja nur die jeweiligen Eigenheiten, Strukturen und Aufgaben der oberen Fakultäten in Universität und Gesellschaft. Dies tut er mit beflisse-

133

nem und beredtem Ernst, aber hinter der Starre, mit der er scheinbar bloß den Spiegel vorhält, verbirgt sich ein kaum zurückhaltbares Gelächter über die eigentlich so grotesken Vernunftverfehlungen und Vernunftentbehrungen bei den so bürgerlich Tüchtigen, bei den sich so selbstgefällig spreizenden akademischen Geschäftsleuten mit ihrer Hörigkeit.

Kant weist hierbei ganz en passant auf das *schismatische Zeichen* zwischen oberer und unterer Fakultät: die mentale *Heiterkeit* der Vernunft.

Vor allen den Theologen legt er nachdrücklich mit einer atemberaubenden jean-paulschen Pedanterie und fröhlicher Wissenschaft ein paar schöne Fallstricke der Vernunft; schon ein zeitgenössischer Beobachter bemerkte jene „Mißachtung Kants gegen die Theologie, wovon man Beweise in seinem Buch „Streit der Fakultäten" findet."[76] Es ist dies die nur allzu gerechtfertigte Reaktion Kants auf jahrelang erduldete Repressionen jener Provenienz. „Sie haben in Ihrer letzten Schrift", so schreibt J.H.Tieftrunk am 12.März 1799 an Kant, „den Theologen starke Wahrheiten gesagt; die jetzige Generation wird sie schwerlich verdauen, denn es fehlt ihr mehrenteils an Kraft, aber noch mehr am Willen. Es ist spaßhaft, wie genau diese Herren alles, dem sie sich nicht weigern können, in ältern Schriften finden können, und wie dreist sie alles verschmähen, was sie nicht verstehen."[77]

In einer deutschen jakobinischen Flugschrift aus dem Jahre 1800 *(Die Zeichen der Zeit oder die letzten Zuckungen des Adels und der Pfaffen in Bayern)* konnte explizit, mit einem Zitat aus dem „Streit der Fakultäten" auf die revolutionstheoretische Kompetenz des philosophischen Denkens Immanuel Kants hingewiesen werden, als der anonyme Pamphletist da betonte: „Kant, dieser Zermalmer des Herkommens [der Traditionen] fordert mit dem unfehlbar richtigsten Forscherblick sogar als Fürstenpflicht, daß die Fürsten, ob sie gleich autokratisch herrschen, dennoch republikanisch regieren, das ist, das Volk (die ganze Nation) nach Prinzipien behandeln sollen, die dem Geist der Freiheitsgesetze (wie ein Volk mit reifer Vernunft sie selbst vorschreiben würde) gemäß sind."[78]

Während die meisten deutschen Intellektuellen seiner Zeit,

die durchaus mit den Postulaten und Projekten der Aufklärung sympathisierten, sich doch bald von der Großen Revolution abgewandt hatten, da sie sich mit ihren traditionell wenig couragierten Vorstellungen von Veränderungen und Umwälzungen, ihrem theologisch approbierten Verständnis von Tugend und Laster, mit ihren obrigkeitsstaatlichen Fetischen von Recht und Ordnung im Verlauf der Revolution (zumal während der Terreur) schon nicht mehr wiederfinden konnten, blieb Kant aus moralischen und philosophischen Gründen ein widerborstiger Anhänger der Französischen Revolution. Der berühmte Karl Reinhard (ein Tübinger Stiftler, der sich in den Dienst der Französischen Republik – u. a. als Außenminister – gestellt hatte) beschrieb einmal sehr scharfsinnig die intellektuelle Kurzsichtigkeit einer Mehrzahl deutscher Theoretiker der Aufklärung im Angesicht der Revolution: „Eure deutschen Publizisten, eure hochweisen positiven Rechtslehrer haben einen unheilbaren Schaden angerichtet dadurch, daß sie Revolution und Konstitution verwechselten, dadurch, daß sie, indem sie gewisse Einzelheiten tadelten, das Ganze mit seinen Fundamenten zu verwerfen schienen. Dadurch wurden die Schwachen irregeführt, dadurch wurde den Aristokraten, einer Menschenklasse, die ewig unrecht hat, Recht gegeben. In diesen Fehler sind, dünkt mich, in Deutschland viele aufgeklärte, edel denkende Männer verfallen."[79]
Kant war, wie gesagt, einer der wenigen, die diesen Fehler vermeiden konnten; er sieht in der Französischen Revolution (und diese Stelle aus dem zweiten Abschnitt des „Streit der Fakultäten" ist oft zitiert worden) eine Begebenheit, die von der „moralischen Tendenz des Menschengeschlechts" zeugt, sie ist Geschichte machend, geschichtsmächtig, ein Bruch im Kontinuum der Weltgeschichte; ein, wie Kant sagt, *Geschichtszeichen* für die Menschheit. Dieses *Geschichtszeichen* für die Menschheit kann als ein wichtiges Orientierungsdatum genutzt werden, um den Menschen in der prima vista Regellosigkeit des Geschichtsablaufs, der sich dem darin Handelnden vielfach zunächst nur als Chaos, Gefahr und Schrecken darbietet, einen sicheren Punkt für die eigene Standortbestimmung abzugeben.
Jenes *Geschichtszeichen* ist ein zentrales geschichtsphilosophisches Strukturelement der Transzendentalphilosophie über-

haupt; es ist ein ‚Knotenpunkt‘, von dem aus Vergangenheit, Gegenwart und Zukunft intellektuell und sinnlich verfügbar bleibt, es ist gewissermaßen ein geschichtsphilosophischer Schematismus mit dieser Konstruktion des *Geschichtszeichens* intendiert. Dies ist ein, wie Kant sagt, Signum rememorativum, demonstrativum und prognosticon. Damit konnte Kant z. B. solche Theoreme über geschichtliche Verläufe als theoretisch zu insuffizient und begriffslos abweisen, die namentlich das Fortschrittsproblem auf einzelne Fakta und Ereignisse der politischen Geschichte, die zudem noch nach pragmatischen Gesichtspunkten ausgewählt wurden, zu begründen suchten. Ein solches *Geschichtszeichen* kann also keine – empirisch beliebige – Einzelheit sein, sondern hat als ein transzendentales Faktum eine komplexe Struktur; umschrieben wird dies dann manchmal mit Worten wie „Zeichen der Zeit“, „Zeitgeist“, gar „Weltgeist“. Auf diese hier geschichtsphilosophisch gewendete Zeichenproblematik kommt Kant im übrigen auch noch im Opus postumum zu sprechen. „Daß Kant an der Französischen Revolution, wie alle … sehr warmen Anteil nahm, kann man sich leicht vorstellen. Sie machte einen der wesentlichsten Gegenstände der täglichen Unterhaltung aus und seine Urteile über einzelne Ereignisse bei derselben, so wie die Gründe seiner Erwartung und Hoffnungen, waren scharfsinnig und konsequent.“[80]

Eine andere bemerkenswerte theoretische Leistung des Geschichtsdenkens beim späten Kant kommt im selben zweiten Abschnitt in einer stark an Vico erinnernden Formulierung zum Ausdruck: „Wie ist aber Geschichte a priori möglich? – Antwort: wenn der Wahrsager die Begebenheiten selber *macht* und veranstaltet, die er im voraus verkündigt“ (vorliegende Ausg., S. 78). Bei aller immer wieder durchbrechenden ironischen, don-quichottehaften Eigenart, wie hier angesichts einer theoretischen Problemlage, ist man stets von der, auch das Paradoxe gar nicht scheuenden Schwungkraft Kantscher Fragestellungen fasziniert.

Jeder Abschnitt des „Streit der Fakultäten“ ist für sich ein kleines philosophisches und literarisches Meisterstück, ein schöner Beleg dafür, „daß Kants Prosa selbst einen Limes der hohen Kunstprosa darstellt.“[81]

Von besonderem Reiz ist diesbezüglich auch der dritte Ab-

schnitt des „Streit der Fakultäten", hier bekommt man einen
Einblick in das Problem der Leiblichkeit im allgemeinen
und der des Menschen Kant im besonderen. Es ist außeror-
dentlich amüsant, die pedantischen und kauzigen Selbstbe-
obachtungen am eigenen Körper zu lesen, diese Schnurren
vom Atemziehen, vom Denken zur Unzeit, vom Maß des
Essens und Trinkens und vom Schlafe. Die Gesundheit war
ja für den ‚kleinen Magister' stets ein Problem, er war aber
immer sehr körperbewußt, er informierte sich regelmäßig
über literarische Ereignisse auf dem Gebiet der Medizin
(im Alter war er z. B. eifriger Anhänger des Brownianis-
mus), und schließlich waren unter seinen engsten Freunden
immer auch Ärzte, wie z. B. Marcus Herz.
Und so sind diese Reflexionen hier, wie alles, was der Philosoph je bedachte, Ausdruck der divinatorischen Macht
der Vernunft.

IV

Immanuel Kant, „welcher die strenge Mitte zwischen dem
Schulmeister und dem Volkstribunen markiert"[82], wollte im
„Streit der Fakultäten" ein aufgeklärtes, republikanisch-libe-
rales Programm für die Universität vorstellen. Er wollte
„weder eine bloß fiktive Gelehrtenorganisation entwerfen
noch die historisch gewordene Universität kopieren, sondern eine ‚Idee' der Universität ... begründen, in der sich
die existierenden Universitäten wiedererkennen lassen und
der sie angepaßt werden können und sollen."[83] Es ist nun
aber wohl kein Zufall, daß Kant in Deutschland mit dieser
Theorie der Universität fast wirkungslos blieb. Kants Uni-
versitätsvorstellung sei, so etwa Herder in seiner „Metakri-
tik" (1799), bloß der Ausdruck der Herrschsucht der kritischen Philosophie und der deutschen Universitätsland-
schaft fremd. Und auch bei der Konzipierung und
Einrichtung der Berliner Universität (1810), die doch unter
maßgeblichem Einsatz von Gelehrten erfolgte, die von den
Ideen des Kantianismus geprägt waren bzw. mit ihnen sympathisierten, wie W. von Humboldt, Fichte, J. Schulze,
H. Steffens oder Schleiermacher, wurden die Ideen Kants
kaum im Ansatz berücksichtigt; und angesichts der kultur-
politischen Stoßrichtung, mit der diese geistige Sammlung

zu jener Zeit in Preußen vollzogen wurde (gegen Napoleons sog. ‚Fremdherrschaft') war es auch nicht zu erwarten, daß ausgerechnet jetzt jenes doch wohl ebenfalls als fremd (kosmopolitisch) empfundene Universitätskonzept umgesetzt werden sollte. An der Berliner Universität setzte sich allerdings im Verhältnis der Fakultäten zueinander das Prinzip der Gleichberechtigung durch; die Stärke der philosophischen Fakultät hier, ihre kritische Kraft während der beiden ersten Jahrzehnte ihres Bestehens war möglich durch die Etablierung so herausragender Denker wie Fichte, Solger oder Hegel; von ihnen wurde die Idee der kritischen Vernunft aufgenommen und als Prinzip der philosophischen Fakultät weitergeführt: „die vorurteilsfreie zetetische Forschung wurde seit dem 19. Jahrhundert zum Definiens aller Universitätsdisziplinen."[84]

Im sog. neuhumanistischen Umschwung (nach 1820) wurden in Deutschland allerdings entscheidende Ansätze eines von kritischer Vernunft geprägten Anspruches philosophischer Fakultäten wieder zurückgenommen; und es wäre Kants Intentionen sicher nicht im letzten gerecht geworden, daß jetzt z. B. wieder die griechische Sprache als ein unerläßliches Hauptstück aller Universitätsbildung angesehen wurde, denn: „Humboldts klassizistisches Bild der Antike (war) ... für die Begünstigung der klassischen Altertumswissenschaften in der preußischen Universitäts- und Bildungspolitik entscheidend gewesen"[85]. Eine für die Universalität der wissenschaftlichen Kultur überhaupt negative Folge dieser Entscheidung war aber dann, daß an deutschen Universitäten bis weit ins 19. Jahrhundert hinein „die Naturwissenschaften als ein Gegenstand von untergeordneter Wichtigkeit behandelt und Philosophie so gut wie ganz verdrängt"[86] wurden.

Berlin, März 1992   *Steffen Dietzsch*

ANMERKUNGEN

1 Carl Friedrich Stäudlin (1761–1826), Theologieprofessor in Göttingen. Seine „Geschichte und Geist des Skeptizismus" (Leipzig: S. L. Crusius 1794) verteidigte die Kantsche Transzendentalphilosophie gegen ein schon damals weitverbreitetes Verständnis als Skeptizismus; zwei Vignetten auf dem Titelblatt zeigen in programmatischer Weise Porträts von Kant und Hume. Stäudlin war Herausgeber der „Beiträge zur Philosophie und Geschichte der Religion und Sittenlehre" (5 Bde., Lübeck 1797–1799).

2 Johann Christoph Wöllner (1732–1800), seit Juli 1788 Minister, veranlaßte das preußische Religionsedikt vom Dezember 1788; Günstling des preußischen Königs Friedrich Wilhelm II.

3 Nach einer Vermutung von Arthur Warda (in: Altpreußische Monatsschrift Bd. 38, 1901, S. 90) Ehregott Andreas Christoph Wasianski (1755–1831); studierte Naturwissenschaft, Medizin und Theologie, seit 1786 Prediger in Königsberg. Biograph und Vertrauter Immanuel Kants. „Immanuel Kant in seinen letzten Lebensjahren" (Königsberg 1804).

4 Ein erster Entwurf zu dieser Antwort lautet: „Ew. Königl. Majestät allerhöchster, mir den 12 Okt. c. [des laufenden Jahres] gewordener Befehl legt es mir zur devotesten Pflicht auf: *erstlich* wegen des Mißbrauchs meiner Philosophie zur Entstellung und Herabwürdigung mancher Haupt- und Grundlehren der Heiligen Schrift und des Christentums, namentlich in meinem Buche: ‚Religion innerhalb der Grenzen der bloßen Vernunft', desgleichen in anderen kleineren Abhandlungen, und der hierdurch auf mich fallenden Schuld der Übertretung meiner Pflicht als Lehrer der Jugend und gegen die allerhöchsten, mir sehr wohl bekannten landesväterlichen Absichten, eine gewissenhafte Verantwortung beizubringen; *zweitens*, nichts dergleichen künftighin mir zuschulden kommen zu lassen. In Ansehung beider Stücke hoffe ich hiermit in tiefster Untertänigkeit Ew. Königl. Majestät von meinem bewiesenen und fernerhin zu beweisenden devoten Gehorsam hinreichende Überzeugungsgründe zu Füßen zu legen.
Was das Erste, nämlich die gegen mich erhobene Anklage eines Mißbrauchs meiner Philosophie durch Abwürdigung des Christentums betrifft, so ist meine gewissenhafte Verantwortung folgende:

1. Daß ich mir als *Lehrer der Jugend,* mithin in akademischen Vorlesungen dergleichen nie habe zuschulden kommen lassen, welches außer dem Zeugnisse meiner Zuhörer, worauf ich mich berufe, auch die Beschaffenheit derselben als reiner, bloß philosophischer Unterweisung nach A. G. Baumgartens Handbüchern, in denen der Titel vom Christentum gar nicht vorkommt noch vorkommen kann, hinreichend beweist. Daß ich in der vorliegenden Wissenschaft die Grenzen einer philosophischen Religionsuntersuchung überschritten habe, ist ein Vorwurf, der mir am wenigsten wird gemacht werden können.

2. Daß ich auch nicht als *Schriftsteller,* z. B. im Buche ‚die Religion innerhalb der Grenzen usw.‘, gegen die allerhöchsten mir bekannten landesväterlichen Absichten mich vergangen habe; denn da diese auf die Landesreligion gerichtet sind, so müßte ich in dieser meiner Schrift als Volkslehrer haben auftreten wollen, wozu dieses Buch nebst den anderen kleinen Abhandlungen gar nicht geeignet ist. Sie sind nur als Verhandlungen zwischen Fakultätsgelehrten des theologischen und philosophischen Fachs geschrieben, um zu bestimmen, auf welche Art Religion überhaupt mit aller Lauterkeit und Kraft an die Herzen der Menschen zu bringen sei: eine Lehre, wovon das Volk keine Notiz nimmt und welche allererst die Sanktion der Regierung bedarf, um Schul- und Kirchenlehrer danach zu instruieren, zu welchen Vorschlägen aber Gelehrten Freiheit zu erlauben, der Weisheit und Autorität der Landesherrschaft um so weniger zuwider ist, da dieser ihr eigener Religionsglaube von ihr nicht ausgedacht ist, sondern sie ihn selbst nur auf jenem Wege hat bekommen können, und also vielmehr die Prüfung und Berichtigung desselben von der Fakultät mit Recht fordern kann, ohne ihnen einen solchen eben vorzuschreiben.

3. Daß ich in dem genannten Buche mir keine Herabwürdigung des Christentums habe können zuschulden kommen lassen, weil darin gar keine Würdigung irgendeiner vorhandenen Offenbarungs-, sondern bloß der Vernunftreligion beabsichtigt worden, deren Priorität als oberste Bedingung aller wahren Religion, ihre Vollständigkeit und praktische Absicht (nämlich das, was uns zu tun obliegt), obgleich auch ihre Unvollständigkeit in theoretischer Hinsicht (woher das Böse entspringe, wie aus diesem der Übergang zum Guten oder wie die Gewißheit, daß wir darin sind, möglich sei u. dgl.), mithin das Bedürfnis einer Offenbarungslehre nicht verhehlt wird, und die Vernunftreligion auf diese überhaupt, unbestimmt welche es sei (wo das Christentum nur zum Beispiel, als bloße Idee einer denkbaren Offenbarung angeführt wird), bezogen wird, weil, sage ich, diesen Wert der Vernunftreligion deutlich zu machen Pflicht war.

Es hätte meinem Ankläger obgelegen, einen Fall anzuführen, wo ich mich durch Abwürdigung des Christentums vergangen habe, entweder die Annahme desselben als Offenbarung zu bestreiten oder diese auch als unnötig zu erklären; denn daß diese Offenbarungslehre in Ansehung des praktischen Gebrauchs (als welcher das Wesentliche aller Religion ausmacht) nach den Grundsätzen des reinen Vernunftglaubens müsse ausgelegt und öffentlich ans Herz gelegt werden, nehme ich für keine Abwürdigung, sondern vielmehr für Anerkennung ihres moralisch fruchtbaren Gehalts an, der durch die vermeinte innere vorzügliche Wichtigkeit bloß theoretischer Glaubenssätze verunstaltet werden würde.

4. Daß ich vielmehr eine wahre Hochachtung für das Christentum bewiesen habe durch die Erklärung, die Bibel als das beste vorhandene, zu Gründung und Erhaltung einer wahrhaft moralischen Landesreligion auf unabsehliche Zeiten taugliche Leitmittel der öffentlichen Religionsunterweisung anzupreisen, und daher in dieser sich selbst auf bloß theoretische Glaubenslehren keine Angriffe und Einwürfe zu erlauben (obgleich die letzteren von den Fakultäten erlaubt sein müssen), sondern auf ihren heiligen praktischen Inhalt zu dringen, der bei allem Wechsel der theoretischen Glaubensmeinungen, welcher in Ansehung der bloßen Offenbarungslehren wegen ihrer Zufälligkeit nicht ausbleiben wird, das Innere und Wesentliche der Religion immer erhalten und das manche Zeit hindurch, wie in den dunklen Jahrhunderten des Pfaffentums, entartete Christentum in seiner Reinigkeit immer wiederherstellen kann.

5. Daß endlich, sowie ich allerwärts auf Gewissenhaftigkeit der Bekenner eines Offenbarungsglaubens, nämlich nicht mehr davon vorzugeben, als sie wirklich wissen, oder anderen dasjenige zu glauben aufzudringen, was sie doch selbst nicht mit völliger Gewißheit zu erkennen sich bewußt sind, gedrungen habe, ich auch an mir selbst das Gewissen, gleichsam als den göttlichen Richter in mir, bei Abfassung meiner die Religion betreffenden Schriften nie aus dem Auge verloren habe, vielmehr jeden, ich will nicht sagen seelenverderblichen Irrtum, sondern auch nur mir etwa anstößigen Ausdruck durch freiwilligen Widerruf nicht würde gesäumt haben zu tilgen, vornehmlich in meinem 71. Lebensjahre, wo der Gedanke sich von selbst aufdringt, daß es wohl sein könne, ich müsse dereinst einem herzenskundigen Weltrichter davon Rechenschaft ablegen; daher ich diese meine Verantwortung jetzt vor der höchsten Landesherrschaft mit voller Gewissenhaftigkeit als mein unveränderliches freimütiges Bekenntnis beizubringen keine Bedenken trage.

6. *Was den zweiten Punkt betrifft,* mir keine dergleichen (ange-

schuldigte) Entstellung und Herabwürdigung des Christentums künftighin zuschulden kommen zu lassen, so finde ich, um als Ew. Majestät treuer Untertan darüber in keinen Verdacht zu geraten, das Sicherste, daß ich mich fernerhin aller öffentlichen Vorträge in Sachen der Religion, es sei der natürlichen oder der geoffenbarten, in Vorlesungen sowohl als in Schriften, völlig enthalte und mich hiermit dazu verbinde.

Ich ersterbe in devotestem Gehorsam

Ew. Königl. Majestät

alleruntertänigster Knecht."

(Zuerst veröffentlicht in: Kants sämtliche Werke, hrsg. von K. Rosenkranz und F. W. Schubert, Leipzig: L. Voss 1842, Bd. 11, 1. Abt., S. 272–275.)

5 Johann David Michaelis (1717–1791), Theologieprofessor in Göttingen (seit 1745), Begründer der alttestamentlichen Bibelkritik. Berühmtester evangelischer Theologe seiner Zeit. Leitete von 1753 bis 1770 die „Göttingischen Gelehrten Anzeigen". Vater der Caroline Böhmer-Schlegel-Schelling.

6 Auf diese Anmerkung bezieht sich eine Notiz von Immanuel Kant, die F. W. Schubert zuerst veröffentlicht hat: „Widerruf und Verleugnung seiner inneren Überzeugung ist niederträchtig und kann niemanden zugemutet werden, aber Schweigen in einem Falle wie der gegenwärtige ist Untertanspflicht; und wenn alles, was man sagt, wahr sein muß, so ist darum nicht auch Pflicht, alle Wahrheit öffentlich zu sagen. Auch habe ich in jener Schrift (sc. der Religion innerhalb den Grenzen der bloßen Vernunft) nie ein Wort zugesetzt oder abgenommen, wobei ich gleichwohl meinen Verleger, weil es dessen Eigentum ist, nicht habe hindern können, eine zweite Auflage davon zu drucken. – Auch ist in meiner Verteidigung der Ausdruck, daß ich als Ihro Majestät treuester Untertan von der biblischen Religion niemals, weder schriftlich noch in Vorlesungen mündlich, öffentlich sprechen wolle, mit Fleiß so bestimmt worden, damit beim etwaigen Ableben des Monarchen vor meinem, da ich alsdann Untertan des folgenden sein würde, *ich wiederum in meine Freiheit zu denken eintreten könnte.*" (In: F. W. Schubert, Immanuel Kant und seine Stellung zur Politik in der letzten Hälfte des achtzehnten Jahrhunderts. In: Historisches Taschenbuch, hrsg. von Friedrich von Raumer, Jg. 9, Leipzig: F. A. Brockhaus 1838, S. 625.)

7 Wahrscheinlich von Massow, Geheimer Staatsminister, seit 1798 Justizminister; ihm unterstand das gesamte geistliche wie weltliche Schulwesen (einschließlich der Universitäten).

8 Claude de Saumaise (1588–1655), Jurist, Professor in Leyden; das von Kant hier zitierte Werk erschien 1648 in Leyden. Er

mußte 1650 wegen seiner Verteidigungsschrift für Karl I. von England seine Professur aufgeben.

9 Jean Baptiste Colbert (1619–1683); vgl. auch: F. Behrens, Die politische Ökonomie bis zur bürgerlichen Klassik, Berlin 1962, S. 109–114.

10 Das Recht, straflos zu töten.

11 Der Versuch muß an einem minderwertigen Körper gemacht werden.

12 Ev. Johannes, 5,39.

13 Dem Menschen entsprechend.

14 Der Wahrheit entsprechend.

15 Jetzt plagen wir uns mit diesen Überresten (Cicero an Cassius, den Mörder Cäsars).

16 Guillaume Postel (um 1505–1581) wird von P. Bayle unter die „gelehrten Narren" gezählt. Die erwähnte Schwärmerei bezieht sich auf das Buch „Les très merveilleuses victoires des femmes du noveau-monde…" (Paris 1553).

17 1. Korinther 15,14 und 17.

18 Ev. Lukas 24,21.

19 Gleichnamige Schrift von C. M. Wieland (1791).

20 Moses Mendelssohn, Jerusalem oder über die religiöse Macht und Judentum. Berlin: F. Maurer 1783, S. 128.

21 Lazarus Ben David (1762–1832), Propagandist des Kantianismus in Wien (1794–1797); hält und veröffentlicht Vorlesungen über die „Kritik der reinen Vernunft" (1795), „Kritik der praktischen Vernunft" (1796) und die „Kritik der Urteilskraft" (1796).

22 Fixstern 1. Größe im Sternbild des Löwen.

23 Gib die Hoffnung auf, du könntest durch Bitten die Schicksalssprüche der Götter beugen. (Vergil, Aeneis. Hrsg. V. Ebersbach, Leipzig: Reclam 1982, S. 134; VI, 376.)

24 Peter Costens, Prediger der französischen Gemeinde zu Leipzig; das angeführte Zitat aus: „Predigten", Leipzig 1755, S. 538 ff.

25 Jacques Bènigne Bossuet (1627–1704); bedeutender katholischer Geschichtsdenker; „Discours sur l'histoire universelle" (Paris 1681).

26 Denis Petau (1583–1652); französischer Theologe (Jesuit) und Historiograph, „Opus de doctrina temporum" (1627).

27 Johann Albrecht Bengel (1687–1752), neben Oetinger und Hahn bedeutendster württembergischer Theologe des 18. Jahrhunderts. 1703 bis 1707 Studium in Tübingen (Theologie, Philosophie, Mathematik), danach fünf Jahre Repetent am Tübinger Stift. 1713 Klosterpräzeptor in Denkendorf (bei Esslingen); dieses Amt betreibt er nahezu 30 Jahre. Herausgeber antiker Texte, wie: Ciceros Briefe (1719), Chrysostumus (1725), eine

kritische Ausgabe des griechischen Neuen Testaments (1734) und ein Offenbarungs-Kommentar (1740) „Ordo temporum" (1741), „Gnomon" (1742).

28 Johann Georg Frank (1705–1784), Superintendent in Hannover; Herausgeber einer mystischen Chronologie (Göttingen 1774).

29 Die Konsuln mögen Fürsorge treffen, daß der Staat keinen Schaden nehme.

30 Carl Arnold Wilmans (1772–1848), Arzt in Bielefeld, Freund von J. S. Beck, Doktor der Medizin Halle 1798 (vgl. Brief an Kant vom 4. Mai 1799).

31 Johann Christian Reil (1759–1813), 1782 Dr. med. in Halle, praktizierte hier ab 1787; ab 1793 Mitglied der Leopoldina; einer der bedeutendsten Internisten seiner Zeit. 1810 Berufung nach Berlin. „Von der Lebenskraft" (1795; Neudruck: Leipzig 1910 und 1968).

32 Gabriel François Coyer (1707–1782), französischer Schriftsteller, verließ 1743 den Jesuitenorden, Hauptwerk „Bagatelles morales" (1754). Kant zitiert vermutlich nach der deutschen Übersetzung „Moralische Kleinigkeiten" (Berlin 1761).

33 Der dänische Astronom Tycho de Brahe (1546–1601) entwickelte ein Weltsystem, in dessen Mittelpunkt die Erde ruht, um die sich jedoch nur Sonne und Mond bewegen, während alle anderen Planeten um die Sonne kreisen.

34 Doch als er (Turnus) an die Waffen des [Gottes] Volcanus geriet, sprang im Hieb die von sterblicher Hand geschmiedete Klinge auseinander wie sprödes Eis. (Vergil, Aeneis, a. a. O., S. 301; XII, 739.)

35 Johann Benjamin Erhard (1766–1827), Nürnberger Handwerker und Arzt. Er ist der einzige Kant-Schüler in Deutschland, der eine jakobinische Revolutionstheorie publizierte. Er war mit Kant und Schiller befreundet und beeinflußte Fichte. Später geriet er unverdienterweise in Deutschland völlig in Vergessenheit. Kant bezieht sich auf Erhards Hauptwerk „Über das Recht des Volks zu einer Revolution" (Jena und Leipzig 1795), S. 189.

36 Petrus Camper (1722–1789), niederländischer Medizinprofessor, Anatom und vielseitiger Naturwissenschaftler; Hauptwerk „Demonstrationes anatomico-pathologicae" (2 Bde., Amsterdam 1760–1762). Kant bezieht sich auf „Über den natürlichen Unterschied der Gesichtszüge" (Berlin 1792, §3).

37 Johann Friedrich Blumenbach (1752–1840), Anatom und Zoologe in Göttingen (1776–1835), führte in Deutschland das Studium der vergleichenden Anatomie und Anthropologie ein. Kant bezieht sich auf das „Handbuch der Naturgeschichte" (Göttingen 1779, S. 44 und 474ff.).

38 Platons unvollendete Schrift „Kritias" enthält den Mythos von der Insel Atlantis. Später übernimmt Francis Bacon (1561–1626) den Titel und auch einige Gedanken für sein Werk „New Atlantis". Das Fragment wurde postum in der von ihm selbst stammenden lateinischen Übersetzung 1627 veröffentlicht.

39 Thomas More (Morus) (1478–1535) schrieb mit „Utopia" (1516) eines der berühmtesten politisch-staatsphilosophischen Werke seit Platon und beeinflußte damit auch weitere utopische Staatsentwürfe, z. B. Campanelles „Sonnenstaat" (1623).

40 James Harrington (1611–1677), englischer Historiker und Reisender; Hauptwerk „La republique d'Oceana" (1656).

41 Die „Histoire des Severambes" erschien 1675 in englischer, 1677 und 1679 in französischer Sprache in Paris und soll von Vairesse d'Allais stammen.

42 Bezieht sich auf die von Oliver Cromwell 1653 in England errichtete Militärdiktatur, in der er am Ende seines Lebens das Land als Lordprotektor wie ein Monarch beherrschte. Vgl. zu Cromwell neuerdings: Christoph Hein, Cromwell. Berlin: Aufbau 1981.

43 Anton Friedrich Büsching (1724–1793), Geograph, Oberkonsistorialrat und Gymnasialdirektor in Berlin.

44 Spät werden die Phrygier weise.

45 Christoph Wilhelm Hufeland (1762–1836), einer der berühmtesten deutschen Ärzte; seit 1793 Medizinprofessor in Jena. „Makrobiotik" (Jena 1797).

46 Halte aus und sei enthaltsam.

47 Ein Zusatz Kants in einem späteren Separatdruck dieses III. Abschnitts, den C. W. Hufeland 1798 zuerst herausgegeben hatte, lautet: „Hierwider möchte ich doch die Beobachtung anführen: daß unverehelichte (oder jung verwitwete) alte Männer mehrenteils länger ein *jugendliches Aussehen* erhalten als verehelichte, welches doch auf eine längere Lebensdauer zu deuten scheint. – Sollten wohl die letzteren an ihren härteren Gesichtszügen den Zustand eines getragenen *Jochs* (davon conjugium), nämlich das frühere Altwerden verraten, welches auf ein kürzeres Lebensziel hindeutet?" (I. Kant, Von der Macht des Gemüts durch den bloßen Vorsatz seiner krankhaften Gefühle Meister zu sein, hrsg. und mit Anmerkungen versehen von C. W. Hufeland, 2., verbesserte und vermehrte Auflage, Leipzig: W. Lauffer 1824, S. 27.)

48 Übereinstimmend mit der gleichnamigen Komödie von Terenz.

49 Unterlage eines Hebels.

50 Nächtliches Studieren (bei Licht).

51 Georg Christoph Lichtenberg (1742–1799), seit 1767 Physik-
professor in Gießen, dann (ab 1770) in Göttingen; eine seltene
Begabung als Satiriker. Bedeutendster Aphoristiker der Aufklärung.
52 Solche Sterbelisten wurden erstmals aufgestellt von Johann Peter Süssmilch (1707–1767), Pfarrer, Begründer der medizinischen Statistik in Deutschland; Hauptwerk „Die göttliche Ordnung in den Veränderungen des menschlichen Geschlechts, aus
der Geburt, Tod und Fortpflanzung desselben erwiesen" (1741,
2. Auflage 1765).
53 Johann Gottlieb Immanuel Breitkopf (1719–1794), Leipziger
Verleger, förderte die Verbreitung der Fraktur-Type und Begründer des Notendrucks mit beweglichen Typen (1755). Später (vereinigt mit G. Ch. Härtel) als „Breitkopf und Härtel" der
führende deutsche Musikverlag mit eigener Zeitung (Allgemeine musikalische Zeitung).
54 Schon Christian Wolff hatte anfangs des 18. Jahrhunderts diese
‚Arbeitsteilung‘ kritisch in Frage gestellt, als er schrieb, daß,
wenn auch „die Philosophie keine Dienstmagd seye, so laeugne
ich deswegen nicht, daß sie der Gottesgelahrtheit, Rechtsge-
lehrsamkeit und Arzneykunst bedienet sey. Denn man saget,
die Philosophie diene den höhern Facultäten, in so ferne sie sowohl die Kunstwörter, als auch die Grundlehren an die Hand
gibt, welche man nötig hat, dasjenige besser zu verstehen, was
in den höhern Facultäten gelehret wird. Ob ich also gleich ge-
zeiget habe, daß man aus der Weltweisheit solche Dinge erler-
nen könne, welche man sowohl in dem gemeinen, als bürgerlichen Leben von nöten hat, und welche man von den höhern
Facultäten vergebens erwartet; (...) Zum andern ist zu erinnern, daß wenn ich vorstelle, in wie weit die Philosophie ihnen
diene, und also behaupte, daß der Grund irrig seye, warum die
philosophische Facultät, in Absicht auf die höhern, die niedrige
gennenet wird, ich mich dabey nicht an die Worte stoße, und
den übrigen Facultäten gleichsam den Vorzug nicht gönne, welche ihnen die Gewohnheit einräumet. Denn obschon die Weltweisheit in einem nicht gar bequemen Verstande, eine Dienstmagd der höhern Facultäten gennenet wird, weil sie die
Gründe an die Hand gibt, dadurch dasjenige deutlicher und gewisser wird, welches es sonst weniger ist, und also eine Dienstmagd gennenet wird, in so ferne sie ... das Licht vorträget."
(Christian Wolff, In wie ferne die Philosophie keine Magd sei
[1729], in: Ch. Wolff, Gesammelte kleine philosophische Schriften, Halle 1737, S. 70 ff.) Über die Praeceptoren-Funktion der
Universität Halle (seit 1694), zu deren Philosophischer Fakultät
Christian Wolff lange gehörte, für die Erneuerung der Universi-

täten im protestantischen Deutschland vgl. N. Hammerstein, Zur Geschichte der deutschen Universität im Zeitalter der Aufklärung, *in:* Universität und Gelehrtenstand 1400–1800, hg. von H. Rössler u. G. Franz, Limburg 1970, bes. S. 150 ff.; bei aller strukturellen Erneuerung aber wird auch noch in den neuen Statuten der Philosophischen Fakultät Halle, wie Hammerstein betont, „die Artistenfakultät weiterhin als Vorstufe für die drei oberen Fakultäten angesehen" (ebenda, S. 157).

55 I. Kant, Der Streit der Fakultäten (vorliegende Ausg., S. 17). Nun sind aber wir Zeitgenossen des 20. Jahrhunderts – gerade auch in Deutschland – Zeugen der Entbehrlichkeit, ja Gefährlichkeit d i e s e r Idee von Philosophie, die hierzulande (auch unter wechselnden politischen Vorzeichen) immer sehr schnell, für eine ‚philosophische Nation' eigentlich immer zu schnell, zur Staatsideologie (zur, wie Kant sagen würde, Doxologie) degeneriert – z. B. als Philosophie seit den Fünfzigern realsozialistisch ‚abgewickelt' wurde – und damit zu einem „Polster zum Einschlafen und zum Ende aller Belebung, welche letztere gerade das Wohltätige der Philosophie ist" (I. Kant, Verkündigung des nahen Abschlusses eines Traktates zum ewigen Frieden in der Philosophie, *in:* I. Kant, Werke, hg. von E. Cassirer, Bd. 6, Berlin 1914, S. 506). Um so unverständlicher und unverständiger die jüngsten Klagen (1990/91) seitens der ‚geisteswissenschaftlichen' akademischen Jugend (zwischen Greifswald und Jena), wenn jetzt – als Abwicklung jener Abwicklung – energisch eine Restitution von Philosophie organisatorisch und geistig so versucht wird, daß sie künftighin jede Einschränkung auf einen, wie Kant sagen würde, „Schulbegriff", d. h. auf „Geschicklichkeiten zu gewissen beliebigen Zwecken" (I. Kant, KrV, A 840) wird vermeiden können und sie also zu ihrem „Weltbegriff" (ebenda) wieder erhoben werden soll.

56 C. L. Reinhold, Briefe über die Kantsche Philosophie, Bd. 1, Leipzig 1790, S. 108.

57 K. Rosenkranz, Über Kants Darstellung des notwendigen Antagonismus zwischen den drei oberen und der unteren Fakultät unserer Universitäten (1844), *in:* K. Rosenkranz, Neue Studien, Bd. 2, Leipzig 1875, S. 7.

58 O. Scheel, Die deutsche Universität von ihren Anfängen bis zur Gegenwart, *in:* Das akademische Deutschland, Bd. 1, Berlin 1930, S. 35. Vgl. auch N. Hammerstein, Die Universitätsgründungen im Zeichen der Aufklärung, *in:* Wolfenbütteler Forschungen, Bd. 4, 1978, S. 263 ff.

59 I. Kant an J. Bernoulli, vom 16. November 1781, *in:* Briefwechsel Kants, hg. von O. Schöndörffer, Bd. 1, Leipzig 1924, S. 202.

60 I. Kant an M. Mendelssohn, vom 8. April 1766, *in:* ebenda, S. 52.

61 I. Kant an Ch. Garve, vom 7. August 1783, *in:* ebenda, S. 230.
62 I. Kant, Reflexionen zur Metaphysik, *in:* Gesammelte Schriften, hg. von der Kgl. Akad. d. Wiss., Bd. 18, Berlin 1925, Refl.-Nr. 4873.
63 I. Kant, Prolegomena, *in:* I. Kant, Werke, hg. von E. Cassirer, Bd. 4, Berlin 1922, S. 65.
64 F. Baader, Beiträge zur dinamischen Philosophie im Gegensaze zur mechanischen, Berlin 1809, S. 45.
65 R. Brandt, Zum „Streit der Fakultäten", *in:* Kant-Forschungen, hg. von R. Brandt u. W. Stark, Bd. 1, Hamburg 1987, S. 34.
66 Vgl. I. Kant, Briefwechsel, Bd. 2, a. a. O., S. 869.
67 I. Kant an J. G. Kiesewetter, vom 13. Dezember 1793, *in:* ebenda, S. 657. Vgl. auch E. Arnoldt *in:* Altpreussische Monatsschrift, *in:* 34 (1897), S. 345 ff. u. S. 603 ff., u. 35 (1898) S. 1 ff.
68 Vgl. Gothaische gelehrte Zeitung, vom 21. Februar 1798, 15. Stck., S. 119 f.
69 L. Lütkehaus, K. F. Bahrdt, I. Kant und die Gegenaufklärung in Preußen 1788–1798, *in:* Jahrbuch des Instituts für Deutsche Geschichte, Tel-Aviv, Bd. 9 (1980), S. 105 f. Vgl. auch K. Rosenkranz, Kant und die Preßfreiheit, *in:* Studien, 2. Teil, Leipzig 1844, S. 234 ff.; E. Fromm, Kant und die preußische Censur, Heidelberg–Leipzig 1894; u. D. Breuer, Geschichte der literarischen Zensur in Deutschland, München 1983.
70 I. Kant an C. F. Stäudlin vom 4. Dezember 1794, *in:* Briefwechsel, a. a. O., Bd. 2, S. 688.
71 I. Kant an J. H. Tieftrunk, vom 5. April 1798, *in:* ebenda, S. 771.
72 P. Menzer, Zu Kants Zensurschwierigkeiten, *in:* Kant-Studien, Bd. 23 (1918/19), S. 381 f.
73 W. Ritzel, Immanuel Kant. E. Biographie, Berlin 1985, S. 645 f.
74 Vgl. A. Warda, Der Streit um den „Streit der Fakultäten", *in:* Kant-Studien Bd. 23 (1918/19) S. 386 ff.
75 S. Collenbusch an I. Kant, vom 26. Dezember 1794 *in:* Briefwechsel, Bd. 2, a. a. O., S. 691.
76 I. Kant in Rede und Gespräch, hg. von R. Malter, Hamburg 1990, S. 139.
77 J. H. Tieftrunk an I. Kant, vom 12. März 1799, *in:* Briefwechsel, Bd. 2, a. a. O., S. 786.
78 Jakobinische Flugschriften aus dem deutschen Süden Ende des 18. Jahrhunderts, hg. von H. Scheel, Berlin 1965, S. 409.
79 K. F. Reinhard an C. F. Stäudlin, vom 6. November 1791. Abgedruckt bei: W. Lang, Analekten zur Biographie des Grafen Reinhard, *in:* Württembergische Vierteljahresschrift für Landesgeschichte, N. F. Bd. 17 (1908) S. 62.
80 I. Kant in Rede und Gespräch, a. a. O., S. 480 f.
81 W. Benjamin an G. Scholem, vom 22. Oktober 1917, *in:* W. Benja-

min, Briefe, hg. von G. Scholem u. Th. W. Adorno, Bd. 1, Frankfurt a. M. 1978, S. 150.

82 W. Benjamin, Deutsche Menschen. Eine Folge von Briefen, *in:*
Walter Benjamin: Gesammelte Schriften IV. I, Frankfurt a. M.
1981, S. 157.

83 R. Brandt, Zum „Streit der Fakultäten", *in:* Kant-Forschungen,
a. a. O., S. 33; „Kants universitätstheoretisch skizzierter Typus
einer staatlich veranstalteten Aufklärung im institutionellen
Kreislauf höherer Bildung ... war ebenso wirklichkeitsnah wie
zukunftsträchtig." (H. Lübbe, Deutscher Idealismus als Philosophie preußischer Kulturpolitik, *in:* Hegel-Studien, Beiheft 22,
Bonn 1983, S. 8.)

84 G. Bien, Kants Theorie der Universität und ihr geschichtlicher
Ort, *in:* Historische Zeitschrift, Bd. 219 (1974) Heft 3, S. 576.

85 H. Lübbe, Deutscher Idealismus als Philosophie preußischer
Kulturpolitik, *in:* Hegel-Studien, Beiheft 22, Bonn 1983, S. 5 f.;
vgl. dazu auch W. Jaeschke, Politik, Kultur und Philosophie in
Preußen, *in:* ebenda, S. 29 ff.

86 F. Paulsen, Geschichte des gelehrten Unterrichts, Bd. 2, Berlin
1921, S. 309. In einer allgemeinen Richtlinie der Universität Berlin vom Jahre 1818 wurde die altertumswissenschaftliche Bildung als die Grundlage aller weiteren Universitätsarbeit erklärt:
„Die ganze wissenschaftliche Bildung der neueren Zeit ist auf
das Studium des Altertums gegründet, von welchem sie sich ...
nur zu ihrem Verderb trennen kann" (vgl. F. Paulsen, ebenda,
S. 252); vgl. auch U. Mulack, Die Universitäten im Zeichen von
Neuhumanismus und Idealismus: Berlin, *in:* Wolfenbütteler
Forschungen, Bd. 4 (1978), S. 299 f.

ZUR TEXTGESTALTUNG

Die Textgrundlage vorliegender Ausgabe bildet der Erstdruck: Königsberg, Friedrich Nicolovius 1798.

Orthographie und Interpunktion wurden unter Wahrung des Lautstandes modernisiert. Eingriffe in die Textgrundlage wurden mit [...] gekennzeichnet; Anmerkungen der Textgrundlage sind mit * versehen, während die Textanmerkungen des Herausgebers mit arabischen Zahlen markiert wurden.

Der Textanhang, das sogenannte „Krakauer Fragment", wurde zuerst veröffentlicht *in:* Kant-Studien, Bd. 51 (1959/60), Heft 1 (mitgeteilt von K. Weyand und bearbeitet von Gerhard Lehmann; zur editorischen Zuverlässigkeit dieser Bearbeitung vgl. jetzt: Kant-Forschungen, hg. von R. Brandt u. W. Stark, Bd. 1, Hamburg 1987, S. 66); für die Erlaubnis zur Übernahme des Erstdrucks möchte ich mich ganz herzlich bedanken bei Herrn Dr. phil. habil. Gerhard Lehmann [Gerhard Lehmann verstarb am 18. April 1987; zu seinen Leistungen als Kant-Forscher und Herausgeber, namentlich als Mitarbeiter an der Kant-Akademie-Ausgabe vgl. den Nachruf von W. Ritzel, Gerhard Lehmann. 10. Juli 1900 – 18. April 1987, *in:* Kant-Studien, Bd. 79 (1988), Heft 2, S. 133–139].

Berlin, August 1983/Januar 1992   *Steffen Dietzsch*

INHALT

DER STREIT DER FAKULTÄTEN

Vorrede 7

*Erster Abschnitt: Der Streit der philosophischen Fakultät
mit der theologischen* 14

Einleitung 14

Einteilung der Fakultäten überhaupt 15

I. Vom Verhältnisse der Fakultäten 17

Erster Abschnitt: Begriff und Einteilung der oberen
Fakultäten 17

A. Eigentümlichkeit der theologischen Fakultät 20

B. Eigentümlichkeit der Juristenfakultät 21

C. Egentümlichkeit der medizinischen Fakultät 23

Zweiter Abschnitt: Begriff und Einteilung der unteren
Fakultät 24

Dritter Abschnitt: Vom gesetzwidrigen Streit der oberen
Fakultäten mit der unteren 26

Vierter Abschnitt: Vom gesetzmäßigen Streit der oberen
Fakultäten mit der unteren 30

Resultat 33

II. Anhang einer Erläuterung des Streits der Fakultäten
durch das Beispiel desjenigen zwischen der theologischen
und philosophischen 34

I. Materie des Streits 34

II. Philosophische Grundsätze der Schriftauslegung zur
Beilegung des Streits 37

III. Einwürfe und Beantwortung derselben, die Grundsätze der Schriftauslegung betreffend 44

Allgemeine Anmerkung: Von Religionssekten 47

Friedensabschluß und Beilegung des Streits der Fakultäten 61

Anhang biblisch-historischer Fragen über die praktische
Benutzung und mutmaßliche Zeit der Fortdauer dieses
heiligen Buches 69

Anhang: Von einer reinen Mystik in der Religion 71

Zweiter Abschnitt: Der Streit der philosophischen Fakultät
mit der juristischen 78

Erneuerte Frage: Ob das menschliche Geschlecht im beständigen Fortschreiten zum Besseren sei? 78
   1. Was will man hier wissen? 78
   2. Wie kann man es wissen? 78
   3. Einteilung des Begriffs von dem, was man für die Zukunft vorherwissen will 80
   4. Durch Erfahrung unmittelbar ist die Aufgabe des Fortschreitens nicht aufzulösen 82
   5. An irgendeine Erfahrung muß doch die wahrsagende Geschichte des Menschengeschlechts angeknüpft werden 83
   6. Von einer Begebenheit unserer Zeit, welche die moralische Tendenz des Menschengeschlechts beweiset . . 84
   7. Wahrsagende Geschichte der Menschheit 87
   8. Von der Schwierigkeit der auf das Fortschreiten zum Weltbesten angelegten Maximen in Ansehung ihrer Publizität 89
   9. Welchen Ertrag wird der Fortschritt zum Besseren dem Menschengeschlechte abwerfen? 91
  10. In welcher Ordnung allein kann der Fortschritt zum Besseren erwartet werden? 92
Beschluß 93

Dritter Abschnitt: Der Streit der philosophischen Fakultät
mit der medizinischen 95

Von der Macht des Gemüts, durch den bloßen Vorsatz seiner krankhaften Gefühle Meister zu sein 95
Ein Antwortschreiben an Herrn Hofrat und Professor Hufeland 95
Grundsatz der Diätetik 99
   1. Von der Hypochondrie 101
   2. Vom Schlafe 103
   3. Vom Essen und Trinken 106
   4. Von dem krankhaften Gefühl aus der Unzeit im Denken 107
   5. Von der Hebung und Verhütung krankhafter Zufälle durch den Vorsatz im Atemziehen 109
   6. Von den Folgen dieser Angewohnheit des Atemziehens mit geschlossenen Lippen 111
Beschluß 111
Nachschrift 114

Textanhang: Das sog. „Krakauer Fragment" 116
„Erneuerte Frage: Ob das menschliche Geschlecht im
   beständigen Fortschreiten zum Besseren begriffen sey?" . 116

Nachwort: Vernunft als „invisible hand" 125
Anmerkungen 139
Zur Textgestaltung 150

RECLAM
Bibliothek
DEUTSCHE ERSTÜBERSETZUNG

JAMES HARRINGTON
Oceana

1656

Aus dem Englischen übertragen von Klaus Udo Szudra.
Herausgegeben und mit einem Anhang von Hermann
Klenner und Klaus Udo Szudra.
Mit Abbildungen. 432 Seiten. Band 1403 (Sonderreihe).
16,– DM
ISBN 3-379-00700-5

James Harringtons (1611–1677) „The Commonwealth of
Oceana", 1656 veröffentlicht, war ein Staatsentwurf, den
sein Autor, der Republikaner J. H., dem Lordprotektor
von England, Schottland und Irland, Oliver Cromwell,
gewidmet und zur Realisierung empfohlen hatte. Das
Modell, zum ersten Mal in deutscher Sprache vorgelegt,
verbirgt kaum seine Doppelnatur: es gehört sowohl in
die Geschichte der großen Sozialutopien als auch in die
der großen Sozialtheorien.
Was Harrington fordert: eine geschriebene Verfassung,
Gewaltenteilung, geheime Wahlen (bei einer auch für
Analphabeten sinnvollen Methode) und – als erster! –
die Einführung des Rotationsprinzips, gehört bis heute
zum unverzichtbaren Inventar eines Rechtsstaates.

RECLAM Bibliothek KUNSTWISSENSCHAFTEN

LUDWIG BÖRNE UND HEINRICH HEINE, EIN DEUTSCHES ZERWÜRFNIS.

Bearbeitet von Hans Magnus Enzensberger
395 Seiten. Band 1396. 14,– DM
ISBN 3-379-00691-2

„Der vor allem leidende Kämpfer Börne, ins Aktuelle verstrickt wie Laokoon in die Schlangen, konnte sich noch nicht so weit über sich und Heine und die politische Not erheben, daß er hätte sehen können, in welchem Verhältnis Heine zu den Rollen stand, die er spielte. Börne hielt sich für den politischen Kopf und Heine für den weichmütigen, unfesten, unzuverlässigen, sybaritischen, charakterschwachen, wenn nicht charakterlosen Ästheten. Darum überzeuge Heine auch nicht, wenn er die Wahrheit spreche, da er ja an der Wahrheit nur das Schöne liebe. ‚Darum rührt er auch nicht, wenn er weint; denn man weiß, daß er mit den Thränen nur seine Nelkenbeete begießt.‘ Als Börnes Hauptwerk war geplant die demokratische Revolution in Deutschland. Wenn man liest, wie ihn ein paar Politik-pour-Politik-Auftritte von Studenten in Göttingen und Frankfurt hoffen machten, wie er das Fackelzug-Vivat des Hambacher Festes 1832, das er selber mitmachte, überschätzte, dann muß man sagen: Heine war der Realist." (Martin Walser)

RECLAM
Bibliothek

BELLETRISTIK

GIACOMO LEOPARDI
Ich bin ein Seher

Gedichte · Italienisch und deutsch
Kleine moralische Werke
Zibaldone: Gedanken zur Literatur

Aus dem Italienischen. Herausgegeben und mit einem
Nachwort von Sigrid Siemund.
Mit einer Zeittafel und einem Personenregister.
533 Seiten. Band 1369 (Sonderreihe) 10,– DM
ISBN 3-379-00632-7

Giacomo Leopardi (1798–1837) wurde meist vereinfacht
als Dichter des Weltschmerzes gesehen. Er begründete
für die italienische Poesie den ungekünstelten Redefluß,
verbunden mit einer schmiegsamen Sprache, und die
Freiheit der Metrik. Damit schloß er sie der modernen
europäischen Lyrikentwicklung an. Seine Prosa ist geprägt von klassischer griechischer und lateinischer Kultur, doch in seiner weitgehenden Problematisierung der
zivilisatorischen Entwicklung ist Leopardi ganz aktuell.
Im „Zibaldone", einer Art Tagebuch, sammelte er über
fünfzehn Jahre, oft fragmentarisch, seine Gedanken zu
philologischen und linguistischen Fragen sowie seine
Ansichten zu Natur, Vernunft und Kunst.

RECLAM
Bibliothek

KUNSTWISSENSCHAFTEN

CARL JUSTI
Diego Velazquez und sein Jahrhundert

Herausgegeben und mit einem Nachwort
von Harald Olbrich
Mit 27 Abbildungen. 447 Seiten. RBL 1016. 16,– DM
ISBN 3-379-00668-8

Carl Justi ist geboren in dem Jahr, als Goethe starb.
Seine Bücher sind farbig und voller Leben, doch niemals
ungestüm. Keines lebt so aus der Unmittelbarkeit ästhe-
tischer Anschauung wie die 1888 in erster Auflage er-
schienene Monographie über Diego Velazquez und sein
Jahrhundert. Gerade indem Justi den Klassizismus seiner Jugend überwindet, gelingt ihm die Verlebendigung
der eben doch nicht gemeinen Natur bei dem spani-
schen Meister. Reclam hat eine preisgünstige und mit
den vom Autor eigens gewünschten Holzschnitten nach
Velazquez bebilderte Leseausgabe vorgelegt, die zwar
stark gekürzt ist, aber vielleicht gerade dadurch zur
Neuentdeckung Justis einlädt.

Harald Tausch in „Deutsche Tagespost“, Würzburg

![RECLAM Bibliothek Logo] BELLETRISTIK

DIE WUNDERSAME GESCHICHTE VON DER DONNERGIPFELPAGODE

Aus dem Chinesischen übertragen, herausgegeben und mit einem Nachwort von Rainer Schwarz.
Mit 10 Pinselzeichnungen von Yan Meihua und Yan Zhiqiang und 1 Holzschnitt von Wang Hongshi.
160 Seiten. Band 1390. 6,50 DM
ISBN 3-379-00678-5

Eine weiße Schlange, die sich jahrhundertelang in tiefster Einsamkeit und Abgeschiedenheit der Selbstvervollkommnung gewidmet hat, beschließt eines Tages, sich in die Menschenwelt zu begeben und herauszufinden, was sich dort noch lernen ließe. Sie schlüpft in den Körper einer schönen jungen Frau und begegnet in dieser Gestalt einem Sterblichen, in den sie sich augenblicklich verliebt. Er ist ebenso getroffen von seinem Gefühl, die beiden heiraten, und so nimmt das Schicksal seinen Lauf. Ungewollt stürzt die Dämonin den Armen periodisch in Katastrophen, denen er nur mit Mühe zu entrinnen vermag. –
Voller Phantasie und Fabulierkunst steckt diese Geschichte, die von einem anonymen chinesischen Autor am Anfang des 19. Jh. aufgeschrieben wurde. Sie variiert einen tausend Jahre alten Stoff, dessen Phantastik den Leser noch heute fesselt.